Norman Brungs

Kopf-Kino

Das Geheimnis mentaler Kraft

Was uns stark macht gegen Stress, Erfolgsdruck und Angst

Copyright: © 2019: Norman Brungs
Lektorat: Erik Kinting – www.buchlektorat.net
Umschlag & Satz: Erik Kinting
Titelbild: © SergeyNivens (depositphotos.com)

Verlag und Druck:
tredition GmbH
Halenreie 40-44
22359 Hamburg

978-3-7497-2793-3 (Paperback)
978-3-7497-2794-0 (Hardcover)
978-3-7497-2795-7 (e-Book)

Bibliografische Information der Deutschen Nationalbibliothek:
Die Deutsche Nationalbibliothek verzeichnet diese
Publikation in der Deutschen Nationalbibliografie;
detaillierte bibliografische Daten sind im Internet
über http://dnb.d-nb.de abrufbar.

Dieses Trainingsprogramm stützt sich auf die neuesten Erkenntnisse der Neurowissenschaften und beruht auf der berufspädagogischen Arbeit des Autors als Ausbilder und Verhaltenstrainer sowie seinen Erfahrungen als ausgebildeter Mental- und Hypnosecoach. Dieses Buch gibt kein Heilversprechen ab und ersetzt keinesfalls die Dienste eines Arztes oder Therapeuten. Sollten Ihre Ängste medizinisch begründet sein, konsultieren Sie bitte einen Arzt oder holen Sie therapeutischen Rat ein.

Inhalt

Vorwort

Stress und Angst stehen in unmittelbarem Zusammenhang. Stress entsteht häufig, wenn wir uns überfordert fühlen und Angstgefühle in uns aufsteigen, dass wir etwas nicht bewältigen könnten. Ängste können verschiedene Ursachen haben: Sie können medizinisch begründet sein, durch ein Trauma ausgelöst werden oder einfach durch Sorgen und Befürchtungen entstehen. In diesem Buch geht es um Letztere.

Die Anbahnung eines wichtigen Ereignisses, wie beispielsweise eine Prüfung, ein Auftritt, eine Rede in der Öffentlichkeit oder ein Wettkampf, kann in uns negative Gedanken entstehen lassen, die wiederum Angst auslösen können: *Das schaffe ich nicht, ich werde versagen ...*

Unsere Gedanken haben einen direkten Einfluss auf die Steuerung unserer Körperphysiologie durch das Gehirn. Versagensängste, Sorgen und Befürchtungen sind Gefühle, die aus unseren Gedanken und Vorstellungen darüber entstehen, was in der Zukunft passieren könnte. Diese Ängste können unser berufliches und privates Leben erheblich beeinträchtigen, indem sie uns in unserem Handeln blockieren. Dabei gerät unser Nervensystem aus dem Gleichgewicht.

Die Symptome sind vielfältig: Häufig verspüren wir einen Druck in der Magengegend, Schlafstörungen, Kopfschmerzen, innere Unruhe und damit einhergehende Konzentrationsschwierigkeiten.

Um unseren Körper wieder ins Gleichgewicht zu bringen, müssen wir ihm in erster Linie Raum für Erholung geben. Ausreichender Schlaf und genügend Pausen sind die Grundlage für Regeneration. Negative Gedanken und die Belastungen des Alltags sorgen für Unruhe in unserem Körper und hindern uns oft an einem gesunden Schlaf. Besonders im Tiefschlaf produziert jedoch die Hirnanhangdrüse das Wachstumshormon *Somatropin*, über das die Zellregeneration stattfindet. Es stärkt unsere Knochen, beschleunigt den Fettabbau, lässt Wunden heilen, schützt das Gehirn und hilft beim Muskelaufbau. Erst wenn unser Organismus zur Ruhe kommt, arbeitet auch unser Immunsystem, das alle Regenerations- und Reparaturprozesse in Gang setzt. Es benötigt gut fünf Stunden, um Erreger zu entsorgen und neue Antikörper zu bilden. Schlafmangel verhindert also den Regenerationsprozess und verursacht darüber hinaus zusätzlichen Stress und führt zu verminderter Konzentrations- und Leistungsfähigkeit.

Der Einsatz klassischer Entspannungsverfahren wie *Atemtechniken*, *autogenes Training* oder die

BARM-Schnellentspannung kann Abhilfe schaffen und für Regeneration sorgen. Sie werden überrascht sein, wozu wir Menschen in der Lage sind, wenn unser inneres System im Gleichgewicht ist: Plötzlich sind wir gelassen, selbstbewusst, angstfrei und können erholsamen Schlaf genießen. Wäre es nicht fantastisch, wenn wir das selbst beeinflussen könnten?

Um nachhaltige Veränderungen herbeizuführen und diese zu manifestieren, eignet sich die Selbsthypnose hervorragend und bildet den Schwerpunkt dieses Trainingskonzeptes. Sie ist eine besondere Form des mentalen Trainings, die viele Spitzensportler, Manager und Politiker bereits seit Jahren anwenden. Jeder kann sie in relativ kurzer Zeit erlernen. Wenn Sie diese Technik beherrschen, gewinnen Sie automatisch mehr Selbstsicherheit, Gelassenheit und Souveränität. Ihre Ängste und Befürchtungen lösen sich wie eine Seifenblase auf.

In diesem Buch zeige ich Ihnen Möglichkeiten, wie Sie Stress reduzieren, Ängste abbauen und mehr Selbstsicherheit gewinnen können. Dabei werde ich mich nicht nur auf die reine Wissensvermittlung beschränken, das Erlernen der Techniken soll vielmehr für Sie zum Erlebnis werden. Denn durch das

Erleben wird unser Lernprozess lebendig und kann am stärksten seine Wirkung entfalten. Schon während des Trainings können Sie beobachten, wie Sie sich von Tag zu Tag besser fühlen und sich auf mentaler und körperliche Ebene positive Veränderungen zeigen.

Wenn Sie ein unerwünschtes Verhalten wie beispielsweise Lampenfieber in ein gewünschtes Verhalten wie Gelassenheit und Selbstsicherheit ändern möchten, gelingt das am besten, wenn Sie sich zunächst eine Vorstellung davon machen, wie Sie sich in dieser Situation fühlen möchten. Dazu werde ich Sie auffordern, Ihre Augen zu schließen, um sich dann vorzustellen, wie es wäre, wenn Sie in dieser Situation gelassen und selbstsicher wären. Stellen Sie sich dabei bitte folgende Fragen:

- Was würde geschehen?
- Wie würde sich das anfühlen?
- Wie wären die Resonanz und das Ergebnis?

Achten Sie darauf, was Sie spüren.

Beim Schließen der Augen stellen Sie sich diese Situation bitte so detailgenau wie möglich vor. Genießen Sie die positive Vorstellung und verweilen Sie einige Sekunden in Ihr. Danach öffnen Sie die Augen, strecken und recken sich und sagen sich innerlich:»Ja, so soll es werden!«

Schließen Sie bitte Ihre Augen und folgen Sie Ihrer Vorstellung, JETZT!

Konnten Sie sich vorstellen, wie gut sich das anfühlt? Dann dürfen Sie neugierig auf das Trainingskonzept zur Verbesserung mentaler Stärke sein. Wenn Sie möchten und bereit sind, nachhaltig positive Veränderungen herbeizuführen, begleite ich Sie nun durch dieses Konzept.

Ihr Norman Brungs

Einstimmung

Zur Einstimmung habe ich eine Geschichte ausgewählt, die mich sehr berührte, als ich sie las, und die sich gut als Empfindungserleben eignet:

Manfred war ein liebevoller Ehemann und Vater. Stets vergnügt und hilfsbereit tat er alles für seine Familie. Ihm war wichtig, dass es allen gut ging. Seine bildhübsche Frau Simone gebar ihm drei wundervolle Kinder, die zwischen einem und sechs Jahren alt waren und ihn mit Stolz erfüllten. Auch ein kleines Haus mit Garten hatte er sich mit seiner Frau erarbeitet und dafür auf manchen Urlaub verzichtet. Alles schien perfekt zu laufen, bis zu dem Tag, als er innerlich zerbrach:

Ein kinderloses Wochenende stand bevor, auf das er sich schon lange gefreut hatte. Endlich konnte er mit Simone Dinge nachholen, die schon lange fällig waren. Ein gemeinsames Abendessen beim Lieblingsitaliener, romantische Stunden am Kamin, ungestört reden und planen … Nachdem er die Kinder bei den Schwiegereltern abgegeben hatte und nach Hause zurückgekehrt war, eröffnete seine Frau ihm jedoch mit zittriger Stimme, dass sie ihn und die Kinder verlassen würde. Mehr wollte sie nicht dazu sagen.

Manfred verstand die Welt nicht mehr. Alle möglichen Gedanken kamen ihm in den Sinn. Das Schlimmste war, dass seine Frau nicht darüber reden wollte. Als er darauf bestand, und zu wissen verlangte, warum sie ihn und die Kinder verlassen wolle, antwortete sie nur leise: »Irgendwann ist halt alles vorbei!«

Ein Wechselbad der Gefühle aus Verständnislosigkeit, Traurigkeit und Verzweiflung breitete sich in ihm aus, denn er liebte seine Frau doch so. Verbittert schnappte er sich die Autoschlüssel und fuhr stundenlang sinn- und ziellos umher, um nachzudenken.

In der Ferne ertönten pausenlos Sirenen. Am Bahndamm musste wohl etwas passiert sein. Er rief aus dem Auto seine Schwiegermutter an, denn er war besorgt um seine Kinder, die oft dort spielten. Mit den Kindern sei alles in Ordnung, erklärte sie ihm.

Dann fuhr er nach Hause. Als er dort ankam, war seine Frau nicht mehr da. Völlig aufgelöst erblickte er nach einigen Minuten der Fassungslosigkeit ihren Abschiedsbrief:

Lieber Manfred, liebe Kinder,

sicherlich habt ihr bemerkt, dass ich in den letzten Wochen etwas aufgewühlt und gereizter war als sonst. Vielleicht war ich auch in der einen oder anderen Situation ungerecht zu Euch. Ich hoffe, dass ihr mir das verzeihen könnt. Der Grund für mein Verhalten liegt im Ausbruch einer schweren, unheilbaren Krankheit, die erst kürzlich bei mir diagnostiziert wurde und um die meine Gedanken kreisen, denn ich werde bald sterben, es bleiben mir nur noch wenige Monate zu leben. Ich verschwieg es Euch, damit ihr nicht die schlimmen Gedanken mit mir teilen musstet, und weil ich heimlich hoffte, doch noch eine Therapie zu finden, die mich weiterleben lassen würde. Leider gibt es keine.

Meine geliebten Kinder, ich werde nicht mehr da sein, um euch aufwachsen zu sehen. Leider seid ihr noch zu klein, um alles zu verstehen. Wer ich war, wie ich gewesen bin und was mich ausmachte werden euch andere erzählen. Ihr seid mein ganzer Stolz und meine größte Errungenschaft.

Es fällt mir schwer, diese Worte zu schreiben, weil es mich mit Schmerz erfüllt, wenn ich daran denke, bald nicht mehr an eurem Leben teilhaben zu können. Das war mein größter Wunsch, er bleibt leider unerfüllt.

Diese Gedanken quälen mich so sehr, dass ich beschlossen habe, meinem Leben ein Ende zu setzen. Ich wollte so stark sein und jetzt weine ich doch. Nun muss ich gehen. Bitte glaubt mir: Ich liebe euch von ganzem Herzen. Am liebsten würde ich für immer bleiben, doch sterben muss jeder allein.

In Liebe, Mami

Manfreds Welt stürzte wie ein Kartenhaus ein. Am Grab seiner Frau sagte er, an jeder Hand eins seiner Kinder: »Geliebte Simone, heute stehen wir vor deinem Grab und weinen um dich. Du fehlst uns in jeder einzelnen Sekunde. Wir können nicht verstehen, warum du so früh von uns gehen musstest. Du hast unser Leben mit deiner Liebe, Warmherzigkeit und Fröhlichkeit erfüllt und hinterlässt eine große Lücke. Was uns bleibt, ist die Erinnerung an dich. Niemand kann dich jemals ersetzen. Wir werden dich nie vergessen und in unseren Herzen wirst du weiterleben, denn die Liebe bleibt.

Wenn Sie sich auf diese Geschichte konzentrieren konnten, dann waren Sie bereits in einer leichten Trance. Hat die Geschichte Sie sogar berührt und in Ihnen Betroffenheit ausgelöst, vielleicht ein vermehrtes Schlucken, Seufzen oder hat sich sogar eine Träne gelöst, dann konnten Sie erleben, dass Gedanken und Vorstellungen einen unmittelbaren Einfluss auf unseren Körper haben, denn die eigentliche Handlung, um die es in der Geschichte ging, haben sie nicht selbst erlebt.

Ein reines Gefühl, dem kein persönliches Erlebnis vorangegangen sein muss, kann also Ihre Tränendrüsen anregen oder auch das Zwerchfell anspannen und einen Lachanfall auslösen. Ebenso können Gefühle Ihre Hormone ins Gleichgewicht oder in Unordnung bringen – mit weitreichenden Folgen.

Aus Albträumen ist uns bekannt, dass wir teilweise heftig auf die Traumszenen reagieren. Schwitzen, Sprechen, Schreien, Hin- und Herwälzen oder sogar Um-sich-Schlagen sind zu beobachtende Reaktionen. Unser Gehirn schätzt diese Sequenzen als realistisch ein, obwohl es nur Träume sind. Das Gehirn unterscheidet also nicht zwischen Vorstellung und Realität – wir reagieren körperlich wie seelisch genauso, als befänden wir uns in der realen Situation.

Sollte Sie diese Geschichte nicht berührt haben, kennen Sie vielleicht die Situation, dass Sie einen Horrorfilm oder einen Thriller im Fernsehen sahen, der in Ihnen Anspannung oder Angst auslöste. Vielleicht hat Sie die Handlung so gepackt, dass Sie am liebsten selbst eingegriffen hätten. Jeder weiß, wie aufgewühlt man an bestimmten Stellen im Film ist. Oftmals beschäftigt uns das auch noch im Schlaf. In diesem Fällen produziert das Gehirn Adrenalin, weil durch die Spannung eine Stressreaktion ausgelöst wird, während bei einem schicksalhaften Film, in den wir eintauchen und Traurigkeit empfinden, der Serotoninspiegel herabgesetzt wird. Sehen wir eine Komödie, die uns zum Lachen anregt, wird von Körper mehr Serotonin produziert, das in uns Glücksgefühle entstehen lässt.

Bei den meisten Menschen löst eine Geschichte Emotionen aus. Das macht sich übrigens auch die Werbepsychologie zunutze, denn sie versucht, eine Verknüpfung zwischen Produkt und Gefühl herzustellen und erzielt damit beachtliche Erfolge. In den ersten vier bis sechs Wochen werden die Werbespots häufig ausgestrahlt, danach seltener. Das liegt daran, dass das Gehirn etwa vier Wochen braucht, um die Werbebotschaft als neue Information dauerhaft im Unterbewusstsein zu verankern. Wenn wir dann das neue Produkt kaufen, verbinden wir damit ein Gefühl – Sicherheit, Lebensfreude, Jugend … was auch immer. Und das funktioniert. Kein Unternehmen würde bis zu 100.000 Euro für einen einzigen Werbespot von 90 Sekunden Dauer investieren, wenn sich der Erfolg nicht belegen ließe. In der Betriebswirtschaftslehre spricht man vom *Return on Invest*. Mit anderen Worten: *Die Investition zahlt sich aus.*

So ist es auch im mentalen Training: Sie werden die gewünschte Veränderung nach nur wenigen Wochen spüren.

Vorübung

Wenn Sie erleben möchten, was passiert, wenn Gedanken Bilder in Ihnen erzeugen, dann versuchen Sie folgendes Experiment:

In dieser Vorübung geht es darum, ein Gefühl dafür zu bekommen, was wir erreichen können, wenn wir uns über unsere Vorstellungskraft auf etwas fokussieren.

Machen Sie sich zunächst mit diesem Text vertraut. Verinnerlichen Sie die Sätze sowie den Ablauf der Übung. Ich werde Sie im Anschluss bitten, Ihre Augen zu schließen und Ihrer Vorstellung zu folgen.

Ablauf der Übung:

* Schließen Sie Ihre Augen.
* Strecken Ihre Arme nach vorne aus, die Handflächen zeigen nach unten.
* Drehen Sie nun die Handfläche Ihres linken Armes nach oben.
* Stellen Sie sich bitte vor, in Ihrer linken Hand befindet sich nun ein schweres Gewicht wie eine Fünf-Kilo-Hantel.
* Stellen Sie sich gleichzeitig vor, an Ihrer rechten Hand hängt ein großer mit Helium gefüllter Ballon.

- Stellen Sie es sich so intensiv wie möglich vor.
- Sagen Sie sich: »Mein linker Arm wird immer schwerer und schwerer, er will nach unten sinken. Während mein linker Arm nach unten sinkt und immer schwerer wird, wird mein rechter Arm immer leichter und leichter, mein rechter Arm hebt sich nach oben, weil er immer leichter wird, immer leichter, leichter und leichter. Mein linker Arm wird immer schwerer und schwerer. Mein rechter Arm wird leichter und leichter und steigt immer höher und höher.«

Wenn Sie spüren, dass Ihre beiden Arme wie eine Schere auseinandergehen, dann öffnen Sie die Augen und beobachten, was sich getan hat.

Sollte diese Übung bei Ihnen in diesem noch sehr frühen Stadium keine Reaktion bewirkt haben, ist das nicht weiter schlimm, das ergibt sich mit der Zeit. Nachdem Sie einige Übungen zur Vorstellungskraft durchgeführt haben, werden Sie merken, dass Sie sich immer mehr darauf einlassen können. Erzwingen Sie dabei nichts, denn weniger Ehrgeiz ist manchmal mehr, so wie es die Geschichte von Till Eulenspiegel und dem Kutscher verdeutlicht:

Till Eulenspiegel ging eines schönen Tages mit seinem Bündel an Habseligkeiten zu Fuß zur nächsten Stadt. Auf einmal hörte er, wie sich Hufgeräusche näherten. Eine Kutsche hielt neben ihm.

Der Kutscher hatte es sehr eilig und rief: »Sag schnell: Wie weit ist es bis zur nächsten Stadt?«

Till Eulenspiegel antwortete: »Wenn Ihr langsam fahrt, dauert es wohl eine halbe Stunde. Fahrt Ihr schnell, so dauert es einen halben Tag, mein Herr.«

»Du Narr«, schimpfte der Kutscher und trieb die Pferde an, sodass sie nach kurzer Zeit aus Till Eulenspiegels Blick entschwanden.

Till Eulenspiegel ging gemächlich seines Weges auf der Straße, die viele Schlaglöcher hatte. Nach etwa einer Stunde sah er nach einer Kurve eine Kutsche im Graben liegen. Die Vorderachse war gebrochen. Es war der Kutscher von vorhin, der sich nun fluchend daran machte, die Kutsche zu reparieren. Er bedachte Till Eulenspiegel mit einem bösen und vorwurfsvollen Blick, worauf dieser nur sagte: »Ich sagte es doch: Wenn Ihr langsam fahrt, eine halbe Stunde …«

Vorbemerkung

Weil unsere Gedanken einen unmittelbaren Einfluss auf unsere Körperphysiologie haben, können negative Gedanken zu unerwünschten körperlichen Reaktionen wie Erröten, Schweißausbrüchen, Magendruck, zittrigen Knie usw. führen. Viele meiner Seminarteilnehmer berichten mir: »Die Prüfung bestehe ich wahrscheinlich nicht auf Anhieb, weil die Durchfallquote bei achtzig Prozent liegt«, oder: »Ich bereite mich immer gut vor, aber meine Prüfungsangst blockiert mich«, oder: »Ich hatte nicht genügend Zeit mich vorzubereiten«, oder: »Ich fürchte, den Faden zu verlieren und einen Blackout zu bekommen ...«

Wir Menschen neigen dazu, uns für alles und jedes zu rechtfertigen. Diese Aussagen sind vorweggenommene Entschuldigungen für einen möglicherweise eintretenden Misserfolg; vorsichtshalber kündigen wir diese Möglichkeit an. Trifft dieser prophezeite Misserfolg dann tatsächlich ein, ist das der Beweis für die vorherige Aussage: »Das habe ich doch gleich gesagt.« Diese Vorhersagen erzeugen Stress und verstärken die Angstintensität.

Durch einfach zu erlernende Methoden des mentalen Trainings können Sie diese inneren Konflikte lösen, negative Gedanken in positive umwandeln, Stress abbauen und sich auf Selbstsicherheit und Angstfreiheit programmieren.

Dieses Buch besteht aus zwei Teilen und ist als Trainingsleitfaden für das Erlernen mentaler Techniken konzipiert.

Im ersten Teil erkläre ich die Zusammenhänge zwischen Gedanken und den daraus resultierenden körperlichen sowie psychischen Reaktionen und Verhaltensweisen, wobei ich dem Prinzip *So wenig Theorie wie möglich, aber so viel wie nötig* gefolgt bin. Es geht hier nicht darum, möglichst viel Wissen zu vermitteln, sondern konkret um Stressreduktion, das Erreichen von Angstfreiheit und Selbstsicherheit.

Wie in der Medizin erfolgt die Wirkung eines Medikaments nicht durch das Lesen des Beipackzettels, sondern durch dessen Einnahme. Deshalb stelle ich Ihnen im zweiten Teil fünf ausgewählte mentale Techniken vor, die direkt geübt und umgesetzt werden können. Bei der fünften Technik handelt es sich um Selbsthypnose, die den Schwerpunkt dieses Trainings bildet, weil kaum eine andere Mentaltechnik so viele Möglichkeiten für nachhaltige, positive und gesundheitsfördernde Veränderungen bietet. Sie hat vielen Menschen dazu verholfen ein angstfreies, erfolgreiches und gesundes Leben zu führen. Eine tiefe Atmung und eine ausgeprägte Vorstellungskraft sind wichtige Elemente in der Selbsthypnose.

Wie im Sport, in der Musik oder anderen Disziplinen ist das Erlernen mentaler Techniken an bestimmte Voraussetzungen geknüpft. Die Abläufe müssen einstudiert und geübt werden. Im Laufe der Zeit werden Ihnen die Abläufe in Fleisch und Blut übergehen.

Lernen gelingt am besten, wenn der Lerninhalt systematisch aufgebaut ist und die Übungen häufig wiederholt werden. Während des Trainings gewinnen Sie von Mal zu Mal automatisch, wie von alleine, immer mehr Gelassenheit, Souveränität und Selbstsicherheit. Alles was Sie tun müssen, um positive Veränderungen durch mentales Training herbeizuführen, ist die Bereitschaft zum Üben sowie etwas Geduld aufbringen. Geduld ist etwas, das uns in unserer hektischen Zeit verloren geht, neben Ausdauer und Hartnäckigkeit gehört sie jedoch zum Rüstzeug, um Veränderungen herbeizuführen..

Stellen Sie sich bitte einmal vor, wie Sie als Kleinkind das Aufstehen und Laufen lernten. Sie versuchten immer wieder, sich aufzurichten, um auf den eigenen Beinen zu stehen. Mit aller Kraft zogen Sie sich hoch, um die Welt aus einer anderen Perspektive zu sehen. Zig Male sind Sie auf den Po gefallen, aber immer wieder verfolgten Sie Ihr Ziel aufs Neue, bis es dann endlich klappte. Hätten Sie nach dem dritten missglückten Versuch aufgegeben und zu sich selbst gesagt: »Och nö, jetzt versuche ich es nicht mehr, das klappt ja sowieso nicht«, würden Sie heute noch auf dem Boden rumkrabbeln.

Und so ist es mit allem: Wenn Sie einen Muskel zum Wachsen bringen wollen, müssen Sie ihn nicht nur trainieren, sondern ihm auch Zeit für Erholung einräumen, damit er wachsen kann. Nach einer Weile wird der Erfolg sichtbar. Erzwingen Sie nichts und setzten Sie sich nicht unter Druck, wenn einmal etwas nicht direkt klappt. Wenn uns permanent der Chef über die Schulter schaut, setzt uns das gewöhnlich unter Stress. Ebenso verhält es sich, wenn Sie Ihre eigenen Erwartungen zu hoch stecken. Der eine lernt etwas schneller, ein anderer braucht vielleicht mehr Zeit, um Neues zu lernen. Aber ich verspreche Ihnen: Jeder kommt durch Übung und Kontinuität ans Ziel. Lassen Sie sich genügend Zeit. Der Erfolg stellt sich automatisch nach einer gewissen Zeit des Trainings ein.

Wie von alleine gehen Dinge immer erst dann, wenn wir sie regelmäßig ausführen. Den meisten Menschen wird erst im Nachhinein bewusst, dass schon längst eine Veränderung eingetreten ist, doch diese wird erst viel später wahrgenommen. Um Lernmotivation aufzubauen, ist es wichtig, sich ein realistisches Zeitfenster zu setzten und zu beschreiben, welcher Vorteil sich durch das Erlernen mentaler Techniken ergibt. Am besten gelingt das, indem Sie für einen Moment die Augen schließen und sich vorstellen, was Sie mit den neuen Fähigkeiten erreichen wollen. Schreiben Sie die Visionen, die Sie entwickeln, nieder und holen Sie diese Aufzeichnungen als Motivator zu gegebener Zeit hervor.

Das Erlernen mentaler Techniken ist letztlich eine Investition in einen zukünftig zu erwartenden Erfolg. Unternehmen führen vor jeder bedeutenden Investition eine Aufwand-Nutzen-Analyse durch, um abzuwägen, ob sich der Aufwand zum erwarteten Ergebnis lohnt. Stellen Sie sich vor, welchen Nutzen Sie aus einem sechs bis acht Wochen dauernden Intensivtraining und anschließendem zwei- bis dreimal wöchentlichen Zeitaufwand von je einer Viertelstunde ziehen werden. Berücksichtigen Sie bei Ihrer Entscheidung, dass Sie durch das Anwenden mentaler Techniken innere Prozesse positiv beeinflussen können. So ist es möglich, Einfluss auf den Stresshormonspiegel zu nehmen, Selbstheilungskräfte zu aktivieren, hinderliche Verhaltensmuster in Nützliches zu verwandeln sowie Ängste und Sorgen gegen Selbstsicherheit und Angstfreiheit auszutauschen. Stellen Sie den Zeitaufwand Ihrem Nutzen gegenüber. Ein Sprichwort sagt: *Nimm dir Zeit für deine Gesundheit, sonst nimmt die Zeit dir deine Gesundheit!*

Noch ein wichtiger Hinweis:

Sie müssen das Trainingskonzept nicht in *einem Rutsch* durcharbeiten. Lassen Sie sich genügend Zeit für die einzelnen Übungen. Das Interesse daran weiterzumachen entsteht durch die ersten spürbaren Erfolge. Mit der Übung stellt sich der Erfolg ein und mit dem Erfolg das Interesse an den weiterführenden Techniken.

Was Angst in unserem Körper auslöst

Wenn wir eine Situation als bedrohlich einschätzen, wird in unserem Körper eine Stressreaktion ausgelöst. Gesteuert und koordiniert wird dieser Vorgang von der Amygdala, einem kleinen Organ im limbischen System des Gehirns. In ihr sind alle negativen Erfahrungen abgespeichert und sie ist der Auslöser unbewusster Ängste.

Geraten wir unter Stress, werden in uns binnen Millisekunden biochemische Prozesse angestoßen, die wir bewusst nicht wahrnehmen. Dabei werden manche Körperfunktionen aktiviert und andere gedrosselt. Unser vegetatives Nervensystem aktiviert alle zur Verfügung stehenden Ressourcen, um diese Situation unbeschadet zu überstehen. Es steuert alle Vitalfunktionen autonom, also ohne unser Zutun. Willentlich können wir dies nicht beeinflussen. So können wir bewusst keinen Einfluss auf unseren Herzschlag oder unsere Verdauung nehmen. Das geschieht vollautomatisch durch unser Vegetativum.

Das Vegetativum besteht aus einem sympathischen und einem parasympathischen Teil. Beide Teile sind immer bestrebt, im Gleichgewicht zu sein. Während der Sympathikus den Stresspegel hochschnellen lässt, dämpft ihn der Parasympathikus nach einer überstandenen bedrohlichen Situation.

Bahnt sich Gefahr an, regt das sympathische System unseren Kreislauf an, setzt Stresshormone wie Adrenalin und Noradrenalin frei und beschleunigt unsere Atmung. Es bereitet uns evolutionsgeschichtlich auf einen Kampf oder eine Flucht vor, die sogenannte *Fight-or-Flight-Reaktion* und mobilisiert alle Energiereserven, um uns leistungsfähiger zu machen. Aus dem Nebennierenmark wird Adrenalin ausgeschüttet, dass sehr schnell in die Blutbahn gelangt. Adrenalin lässt den Blutdruck ansteigen, erhöht unsere Herzfrequenz, erweitert die Bronchien, verengt kleinere Blutgefäße und erweitert die großen. Die Leber gibt Glukose ins Blut ab. Auf diese Art erhalten unsere Muskeln mehr Energie und Sauerstoff zur Bewältigung der Bedrohung. Die Nebennierenrinde gibt gleichzeitig Kortisol in die Blutbahn ab. Kortisol stärkt den Energiestoffwechsel, unterdrückt aber auch das Immunsystem, welches für die Überwindung der akuten Gefahr keine Rolle spielt. Das Blut wird aus Bereichen wie dem Gehirn abgezogen, deren körperliche Aktivität für die Gefahrabwehr nicht benötigt werden. Denken ist in einer solchen Situation sowieso eher hinderlich. Auch die Darmaktivität wird heruntergefahren.

Hier liegt dann noch ein anderes Problem, denn unser Glücks- und Entspannungshormon Serotonin wird hauptsächlich im Darm produziert. Ein gereizter Darm lässt den Serotoninspiegel sinken. Serotonin fördert unsere Gedächtnisleistung, beschert uns Glücksgefühle und ist der Vorbote des Hormons Melatonin, das uns müde macht und für einen gesunden Schlaf sorgt, damit wir regenerieren können. Durch fehlende Regeneration und Stress können ernsthafte Krankheiten wie Herz-Kreislauferkrankungen, Bluthochdruck, Angstzustände, Depressionen, Diabetes und Burn-out entstehen. Darüber hinaus treten Konzentrationsstörungen, Gedächtnisabfall und daraus resultierende Unsicherheit und Ängstlichkeit auf.

Während Adrenalin entscheidend für die sofortige Reaktion des Körpers auf Stress ist, sorgt Kortisol dafür, dass die Drehzahl nicht nur kurz hochschnellt, sondern für einen längeren Zeitraum hoch bleibt. Und zwar auch, wenn es gar keinen realen, akuten und lebensbedrohlichen Angriff gibt. Bei chronischen Stress gewinnt der Sympathikus die Oberhand und läuft auf Hochtouren – auch gegen den Stress des Alltags.

Der parasympathische Teil unseres vegetativen Nervensystem entspannt und beruhigt uns nach den Herausforderungen. Er verlangsamt unsere Atmung, entspannt die Muskeln, senkt die Herzfrequenz und schiebt die Verdauung wieder an. Unter Dauerstress ist eine parasympathische Reaktion kaum möglich.

Und genau hier liegt das Problem: War für unsere Vorfahren eine Gefahr durch einen Kampf mit feindlichen Kriegern oder die Flucht vor einem Raubtier gebannt, erfolgte die natürliche parasympathische Reaktion. Entspannung setzte ein und alle lebenswichtigen Vitalfunktionen wurden wieder in Gang gesetzt. In unserer heutigen, modernen Zeit geraten wir kaum noch in solch lebensbedrohliche Situationen, andere Dinge lösen stattdessen in uns Stress aus, die unser Gehirn als ebenso riskant einstuft, als wären wir in Lebensgefahr. Unser Körper reagiert aber immer noch auf dieselbe Weise wie vor Urzeiten. Streit mit dem Chef, Ärger mit dem Nachbarn oder Erregung im Straßenverkehr können in der Regel abreagiert werden, indem wir durch Schimpfen, Sport oder im Gespräch mit anderen Frust ablassen, sodass wieder Entspannung einkehren kann. Anhaltender Stress, der entsteht, wenn wir überfordert sind, uns den Herausforderungen des Lebens nicht mehr gewachsen fühlen oder in uns das Gefühl aufkommt, die Erwartungen anderer oder auch die eigenen Erwartungen nicht erfüllen zu können, bleibt häufig längere Zeit unbemerkt und nimmt oft einen dramatischen Verlauf. Zu viele Aufgaben, zu viele Informationen, zu wenig Regeneration oder das stetig schlechte Gewissen können zu einer Reizüberflutung und Burn-out führen. Aber auch Zukunftsängste, die Angst vorm Versagen, der Gedanke daran was in einer bestimmten Situation alles schiefgehen könnte, stoßen in uns diese neurobiologischen Prozesse mit all ihren negativen Auswirkungen an und versetzten uns unbewusst in Dauerstress, obwohl es nur Gedanken und Vorstellung sind.

Diese eigenen Prophezeiungen haben sich latent in unser Unterbewusstsein eingeschlichen und treiben dort unbemerkt ihr Unwesen, verängstigen und verunsichern uns. Das liegt aus neurowissenschaftlicher Sicht daran, dass unser Gehirn nicht zwischen Realität und Vorstellung unterscheidet. Das heißt, unsere Vorstellungen sind für unser Gehirn real. Stress verstärkt unsere Angstintensität und löst Angst aus. Angst löst wiederum Stress aus. Beide stehen in Wechselwirkung zueinander. – Ein Teufelskreis!

Wenn Stress biochemische Prozesse in uns auslöst, die uns in unserem Handeln blockieren, dann ist die logische Schlussfolgerung, dass sich Blockaden, die uns daran hindern selbstsicher, angstfrei, gesund und erfolgreich zu sein, auflösen würden, wenn wir diese Prozesse positiv beeinflussen könnten. Das Gute ist: Durch mentales Training können wir tatsächlich Einfluss auf unser Unterbewusstsein nehmen. Wir können uns auf Erfolgskurs trimmen und sind sogar in der Lage, unerwünschten Reaktionen durch gewünschte Reaktionen zu ersetzen.

Der Trainingsplan

Um ein systematisches, methodisches mentales Training durchzuführen, ist es hilfreich, einen Trainingsplan aufzustellen, der folgendermaßen aussehen könnte:

Trainingstag:	Montag, 16.09.2019
Uhrzeit::	06:30 h
Trainingsort:	Schlafzimmer
Zeiteinheit:	15 Minuten
Methode:	Bauatmung

Trainingstag:	Dienstag, 17.09.2019
Uhrzeit:	19:45 h
Trainingsort:	Arbeitszimmer
Zeiteinheit	15 Minuten
Methode:	BARM-Technik

Trainingstag:	Donnerstag, 19.09.2019
Uhrzeit:	19:45 h
Trainingsort:	Arbeitszimmer
Zeiteinheit:	15 Minuten
Methode:	BARM-Technik

Trainingstag:	Sonntag, 29.09.2019
Uhrzeit:	09:00 h
Trainingsort:	Schlafzimmer
Zeiteinheit:	20 Minuten
Methode:	Selbsthypnose

Erstellen Sie also zunächst einen individuellen Trainingsplan für sich.

Das Wochentagebuch

Von nun an räumen Sie sich bitte zwei- bis dreimal die Woche ein Zeitfenster für mentales Training ein. Für die Anfangszeit hat sich das Führen eines Tagebuches als äußerst nützlich erwiesen, weil Sie dadurch Ihren Erfolg sichtbar machen und Motivation aufbauen.

Als Mustervorlage kann folgendes Format dienen:

Datum: Montag, 16.09.2019
Uhrzeit: 06:30 Uhr
Technik: Bauchatmung
Erfahrung: Ich habe heute die Bauchatmung durchgeführt. Ich konnte mich gut darauf einlassen. Keine anderen Gedanken kamen in mir auf. Wärme durchströmte meinen Körper. Ich war entspannt …

Datum: Dienstag, 17.09.2019
Uhrzeit: 19:45 Uhr
Technik: Heute habe ich die Bauchatmung noch einmal geübt. Ich konnte mich voll und ganz auf meine Atmung

konzentrieren. Ich habe gespürt, wie sich meine Lungen mit Sauerstoff füllten. Beim Ausatmen wurden meine Arme ganz schwer. Durch die Konzentration kamen keine anderen Gedanken in mir auf …

Führen Sie in den nächsten Tagen Ihr Tagebuch weiter und ziehen Sie nach einer Woche des Trainings ein Fazit.

Zeitraum: 16.–22.09.2019
Techniken: Bauchatmung und BARM-Technik.
Fazit: Ich habe die Techniken abwechselnd für jeweils eine Viertelstunde geübt. Insgesamt spüre ich jetzt schon eine Verbesserung. Während der Übungen konzentrierte ich mich voll und ganz auf meine Atmung und nutze meine Worte für diese wunderbare Entspannung. Andere Gedanken waren wie ausgeblendet. Es fällt mir von Tag zu Tag leichter, die Übungen durchzuführen.

Die wirkungsvollsten Mentaltechniken

Es gibt viele sehr gute Mental- und Entspannungstechniken, mit denen sich enorme Erfolge erzielen lassen. Ich möchte Ihnen fünf davon vorstellen, die sich nach meiner Erfahrung besonders gut eignen. Geben Sie sich die Möglichkeit, die einzelnen Techniken auf sich wirken zu lassen, indem Sie nicht alle auf einmal abarbeiten. Beginnen Sie erst mit der nächsten, wenn Sie spüren, dass die vorherige Technik bei Ihnen eine Wirkung erzielt.

Den eigentlichen Mentaltechniken möchte ich noch eine einfache Übung vorschalten:

- Setzen Sie sich bitte auf einen Stuhl und stellen Ihre Füße fest auf den Boden.
- Suchen Sie sich einen Punkt irgendwo am Boden aus und fixieren Sie diesen mit Ihren Augen.
- Zählen Sie von zehn runter auf eins.
- Bei jedem tiefen Einatmen nehmen Sie die nächste Zahl in Ihre Gedanken auf, bei der nächsten Zahl lassen Sie sie wieder los. Zwischen jeder Zahl liegen ein tiefes Einatmen und ein entspanntes Ausatmen.
- Atmen Sie tief ein. Bei jeder weiteren Zahl atmen Sie aus.

Beginnen Sie bitte zu zählen, JETZT!

Die meisten Menschen spüren jetzt bereits eine leichte Entspannung.

Nun zu den Mentaltechniken:

Die Bauchatmung

Unsere Atmung nimmt großen Einfluss darauf, wie wir uns fühlen. Sie steht in unmittelbarem Kontakt mit unserem vegetativen Nervensystem, das sämtliche Funktionen in unserem Organismus beeinflusst. Unsere Atmung funktioniert ohne unser Zutun, ganz automatisch, doch obwohl sie unbewusst abläuft, können wir bewusst auf sie Einfluss nehmen.

In Stresssituationen neigen wir dazu, hastig und flach zu atmen. Diese Angewohnheit wirkt sich negativ auf unsere Gesundheit und unser Wohlbefinden aus. Dabei wird der Körper ungenügend mit Sauerstoff versorgt und unser Gehirn leidet in der Folge an einer schlechten Durchblutung, was unseren Zellstoffwechsel schädigt und unser Immunsystem schwächt. Um Zellstoffschäden zu vermeiden, wird in der Medizin häufig Sauerstoff als erste Notfallmaßnahme gegeben. Durch tiefe und regelmäßige Atemzüge entspannen wir beim Ausatmen automatisch und die Produktion des Stresshormons

Kortisol wird reduziert. Eine tiefe Bauchatmung stimuliert unsere inneren Organe und verbessert die Durchblutung; unser Immunsystem wird gestärkt.

Die Bauchatmung wird vorwiegend vom Zwerchfell ausgeführt und ist mitunter der wichtigste Teil unserer Atmung. Das Zwerchfell ist ein Muskel, der den Brustraum vom Bauchraum trennt. Oberhalb des Zwerchfells befinden sich die beiden Lungenflügel und das Herz. Unterhalb des Zwerchfells liegen Milz, Leber, Verdauungssystem und der Solarplexus als wichtiges Nervengeflecht. Durch eine Bauchatmung bewegt sich das Zwerchfell nach unten und die Lungenflügel entfalten sich. Durch das tiefe Einatmen werden die Bauchorgane und der Solarplexus massiert und mit Energie versorgt.

Ich stelle Ihnen hier zwei Varianten der Bauchatmung vor. Sie können sie entweder im Liegen oder Sitzen durchführen.

Erste Variante: Die Bauchatmung im Liegen
Nehmen Sie sich für diese Übungen ein genügend großes Zeitfenster, denn es soll kein Stress entstehen.

- Entspannen Sie sich und legen sich flach auf den Boden oder ein Bett.
- Konzentrieren Sie sich auf Ihren Atem.

- Legen Sie nun Ihre Hände zwischen Nabel und Brustbein auf den Bauch.
- Konzentrieren Sie sich auf Ihren Bauchnabel und atmen Sie bewusst gegen Ihre Hände ein, sodass sie sich nach oben heben und beim Ausatmen wieder senken.
- Wiederholen Sie dieses Prozedere mindestens sieben- bis zehnmal.

Zweite Variante: Die Bauchatmung im Sitzen

Bei der Bauchatmung im Sitzen ist zu beachten, dass Sie eine gerade Sitzhaltung einnehmen. Nehmen Sie den Kopf hoch, sodass das Kinn parallel zum Boden zeigt, und halten Sie Ihre Wirbelsäule gerade.

- Legen Sie in dieser Position die Hände wieder zwischen Nabel und Brustbein auf den Bauch und konzentrieren Sie sich wie in der vorherigen Übung auf Ihren Bauchnabel.
- Atmen Sie so tief in den Bauch ein, bis sich die Hände nach oben heben.
- Atmen Sie danach wieder so aus, dass die Hände in Ihre Ausgangsposition finden.
- Wiederholen Sie diesen Vorgang auch hier wieder sieben- bis zehnmal.

Die BARM-Technik

Im Laufe der Jahre habe ich die tiefe Atmung mit assoziativen Worten verbunden und entwickelte daraus eine Methode, die ich BARM-Technik nenne. Sie ist ein Entspannungsverfahren, das in nahezu jeder Lebenslage angewendet werden kann. BARM steht für *Breath-Assosiate-Relaxing-Method*. Dabei wird die tiefe Atmung mit Worten kombiniert, sodass innere Bilder und Vorstellungen entstehen. Sie ruft bei den meisten Menschen positive Gefühle hervor, eignet sich besonders für eine schnelle Entspannung und kann sehr gut als Einschlafhilfe für einen gesunden Schlaf dienen.

Die BARM-Technik setzt sich aus drei Teilen zusammen: der Atmung, der Vorstellung, die durch innere Bilder hervorgerufen wird, und einem Countdown, der wie ein Neustart, ein Reset wirkt.

Viele Menschen assoziieren mit den Worten *Sonne*, *Wärme* und *Ruhe* eine angenehme Lebenssituation. Das kann ein herrlicher Sommertag im Garten sein, ein Urlaub, in dem Sie besonders entspannen können, oder eine sonstige schöne Situation, die Sie mit diesen Worten verknüpfen. Auf diese Weise kann zur körperlichen Entspannung sehr schnell der zusätzliche Effekt der geistigen

Entspannung eingeleitet werden. Ein sonniger Tag löst in uns oft das Gefühl der Lebenslust aus.

Wärme wird durch Sonne oder Feuer oder einen Ofen erzeugt und wir empfinden Behaglichkeit. Wenn wir zur Ruhe kommen, schalten wir ab, lassen los und regenerieren. Der Countdown in dieser Methode ist unser Reset-Knopf. Nachdem wir unser inneres Betriebssystem durch die Entspannung heruntergefahren haben, starten wir jetzt wieder mit aufgeladenen Akkus wie eine Rakete in den Alltag.

So funktioniert die BARM-Technik:

- Während Sie tief ein- und ausatmen, sagen sie gedanklich die Worte *Sonne*, *Wärme* und *Ruhe* auf. Bitte halten Sie diese Reihenfolge ein. Beim ersten tiefen Einatmen nehmen Sie das Wort *Sonne* innerlich auf, beim Ausatmen lassen Sie es langsam wieder ausströmen. Beim zweiten Einatmen nehmen Sie das Wort *Wärme* auf und lassen es wiederum beim Ausatmen langsam ausströmen. Beim dritten Einatmen nehmen Sie das Wort *Ruhe* auf und lassen es ebenso beim Ausatmen wieder langsam ausströmen.

- Atmen Sie tief ein und nehmen Sie das Wort *Sonne* innerlich auf.

- Atmen Sie langsam wieder aus und lassen Sie das Wort *Sonne* ausströmen.
- Atmen Sie tief ein und nehmen Sie das Wort *Wärm*e innerlich auf.
- Atmen Sie langsam wieder aus und lassen Sie das Wort *Wärme* ausströmen.
- Atmen Sie tief ein und nehmen Sie das Wort *Ruhe* innerlich auf.
- Atmen Sie langsam wieder aus und lassen Sie das Wort *Ruhe* ausströmen.
- Wiederholen Sie diesen Vorgang mindestens fünfmal.
- Verweilen Sie jetzt einen Moment und lassen Sie die Worte *Sonne*, *Wärme* und *Ruhe* auf sich wirken.
- Zählen Sie von fünf bis eins runter: 5 … 4 … 3 … 2 … 1 … Bei eins angekommen sagen Sie sich gedanklich das Wort *Neustart*.
- Öffnen Sie Ihre Augen, recken und strecken Sie sich. Sie dürften sich jetzt irgendwie anders führen.

Schnelle Augenbewegungen

Forscher stellten fest, dass sich unsere Augen in der Nacht, wenn wir unsere Tageserlebnisse verarbeiten, sehr schnell hin- und herbewegen. Man spricht auch vom sogenannten *Rapid Eye Movement* (REM-Phase). Unser Gehirn befindet sich dann im Frequenzbereich einer leichten Trance, ein Zustand, in dem Veränderung möglich ist und der ebenso für den Abbau von akutem Stress geeignet ist. Man kann dieses REM-Phase simulieren und mit dieser Methode eine Blitzentspannung erreichen. Deshalb bietet sie sich an, das Stressniveau in einer bestimmten Situation sehr schnell zu reduzieren. Insbesondere wenn ein Blackout droht, ist sie die erste Wahl.

So funktioniert die Schnelle-Augenbewegungs-technik:

Bei dieser Technik empfiehlt es sich, die Augen zu schließen. Aber auch mit geöffneten Augen funktioniert sie. Stellen Sie sich dazu bitte ein Tischtennisspiel vor, bei dem Sie der Schiedsrichter sind:

- Folgen mit Ihren Augen dem schnellen Tischtennisspiel.

- Der kleine Ball wird ganz schnell immer wieder von links nach rechts gespielt.

- Schließen Sie die Augen und folgen Sie dem Ball mit Ihren Augen.

- Bewegen Sie Ihre Augen ganz schnell von links nach rechts, links, rechts, links, rechts, links rechts … Führen Sie das ca. zehn Sekunden lang durch.

- Jetzt folgt ein Seitenwechsel. Dazu kreisen Sie zunächst Ihre Augen einmal nach links und anschließend nach rechts.
- Jetzt bitte noch einmal bei geschlossenen Augen dem Ballwechsel ca. zehn Sekunden lang folgen.
- Bei Spielende kreisen Sie noch einmal Ihre Augen von links nach rechts und dann wieder von rechts nach links.
- Öffnen Sie die Augen. Jetzt sollten Sie wieder relativ entspannt sein.

Die Ablenkung sorgt dafür, dass Ihre Nervosität schwindet und Sie den roten Faden wieder aufnehmen können.

Lachen

Beim Lachen spannt sich unser Zwerchfell an, unsere Lungenflügel dehnen sich und wir atmen tiefer als sonst. Wie auch bei der Bauchatmung nimmt unsere Lunge durch das Lachen viel Sauerstoff auf. Unser Herz schlägt schneller und pumpt das mit Sauerstoff angereicherte Blut durch den Körper. Der Stoffwechsel wird angeregt und unser Immunsystem gestärkt. Während des Lachens werden im limbischen System unseres Gehirns Endorphine, also Glückshormone produziert, die schnell in die Blutbahn gelangen und die Produktion des Stresshormons Adrenalin ausbremsen. Unser Stresspegel sinkt und es stellt sich Wohlbefinden ein. Unsere Stimmung steigt.

Das Lachen können wir auf unterschiedliche Weise anregen. Beispielsweise durch Kitzeln, Situationskomik, einen lustigen Film oder einen Witz. Darüber hinaus können wir das Lachen durch Übungen aus dem *Lach-Yoga* anregen.

Lach-Yoga wurde 1995 von Madan Kataria entwickelt. Er stellte fest, dass in allen wissenschaftlichen Artikeln über das Lachen darüber berichtet wurde, dass Lachen eine präventive wie auch therapeutische Wirkung auf unseren Körper hat, das Lachen aber in vielen Ländern kontinuierlich abnahm. Diese Tatsache inspirierte ihn, das Lachen ohne Grund, also ohne Witz und Humor zu entwickeln.

Um das an einem Beispiel zu verdeutlichen, möchte ich Ihnen eine Übung empfehlen, die die meisten Menschen als so doof empfinden, dass schon der Gedanke daran eine erheiternde Grundstimmung und ein Schmunzeln mit sich bringen kann. Aus dem Schmunzeln ergibt sich vielleicht ein leichtes Kichern und schließlich ein Ins-Fäustchen-Lachen bis hin zum richtigen Lachanfall.

Vorgehensweise:
- Setzen Sie sich dazu bequem auf einen Stuhl.
- Klopfen Sie sich fünfmal auf die Oberschenkel und erzeugen dabei das Geräusch: *Ha-ha-ha-ha-ha.*
- Danach halten Sie sich den Bauch und bringen ein: *Hi-hi-hi-hi-hi* hervor.
- Und zum Schluss führen Sie Ihren Daumen und den gekrümmten Zeigefinger an die Nasenspitze, als wollten sie sich ein Niesen verkneifen und verbinden es mit den Lauten: *He-he-he-he-he.*
- Wiederholen Sie das Prozedere einige Male.

Sollte sich bei Ihnen kein Lachen einstellen, können Sie den *Weinkeller* aufsuchen. Vielleicht hilft's.

Selbsthypnose

Hypnose und Selbsthypnose sind Methoden, Körper und Geist auf Gesundheit, Wohlbefinden und Erfolg zu programmieren. Mit ihrer Hilfe können Stress abgebaut, Verhaltensmuster geändert und Zielvorstellungen realisiert werden.

Um zu verstehen, wie Hypnose funktioniert, ist es hilfreich, die verschiedenen psychologischen

Ebenen zu kennen, die dafür von Bedeutung sind: Neben dem Unbewussten, das unter anderem den Puls, die Atmung und die Verdauung steuert, verfügen wir über ein Bewusstsein und ein Unterbewusstsein.

Unser Wille unterliegt unserem Bewusstsein. Wir schlagen beispielsweise bewusst ein Bein über das andere oder nehmen uns bewusst etwas vor, etwa das Rauchen aufzugeben oder abzunehmen. Das Bewusstsein hat nur eine relativ geringe Aufnahmekapazität und kann nur eine begrenzte Anzahl von Informationen aufnehmen und verarbeiten.

Die meisten Eindrücke nehmen wir daher unbewusst wahr: Geräusche, Bilder, Stimmen Berührungen, Gerüche, Stimmungen, Farben, Töne, Nachrichten etc. Alle werden im Unterbewusstsein abgespeichert und zur richtigen Zeit zur Verarbeitung ans Bewusstsein weitergeleitet. Würden wir alle Sinneseindrücke und Informationen, die täglich auf uns einprasseln, bewusst wahrnehmen, wäre unser Gehirn völlig überfordert und unser inneres *Betriebssystem* würde abstürzen.

Unser Unterbewusstsein ist vergleichbar mit der Festplatte eines Computers, dessen Speicherkapazität scheinbar unbegrenzt ist. Hier sind alle Eindrücke, Erfahrungen und Informationen von Lebensbeginn an gesammelt und gespeichert. Daraus haben sich unser Weltbild, unsere Glaubenssätze und Überzeugungen gebildet sowie Verhaltensmuster entwickelt, die in bestimmten Situationen vom Unterbewusstsein aufgerufen und abgespielt werden.

Aus der modernen Gehirnforschung wissen wir, dass über 90 Prozent unserer Reaktionen, Entscheidungen und Handlungen durch unser Unterbewusstsein veranlasst werden, noch bevor sie uns bewusst sind.

Zwischen dem Bewusstsein und dem Unterbewusstsein gibt es eine Instanz, die man den *kritischen Faktor* nennt. Ähnlich wie die Firewall eines Computers filtert er jede neue Information, prüft den Wahrheitsgehalt und entscheidet, ob sie zu unseren Erfahrungen, Glaubenssätzen und Überzeugungen passt. Werden die neuen Daten als passend und glaubwürdig identifiziert, gelangen Sie unzensiert in unser Unterbewusstsein. Entsprechen sie nicht unseren Vorstellungen, Glaubenssätzen und Überzeugungen, werden sie abgelehnt und abgewiesen. Der *kritische Faktor* fungiert wie ein Türsteher vor einen Klub, der nur Gleichgesinnte hineinlässt. Das ist auch gut so, denn der Türsteher als Sicherheitsinstanz bewahrt uns vor einer zu großen Gutgläubigkeit.

Der Türsteher schützt uns vor Fehlentscheidungen und Dingen, die für uns folgenschwere Auswirkungen haben könnten. Zum einen ist er ein sinnvoller Schutzmechanismus, zum andern verhindert er jedoch häufig gewünschte und notwendige Veränderungen. Ist seine Wachsamkeitsausprägung sehr hoch, vermutet er oft hinter jedem Busch ein Feuer und filtert unbekanntes Neues aus. Er hütet die Daten des Unterbewusstseins sehr gewissenhaft, vor allem aber die darin manifestierten Glaubenssätze und Überzeugungen. Sind Sie beispielsweise fest davon überzeugt, unattraktiv zu sein, und jemand sagt zu Ihnen: »Gut siehst du aus«, prüft der Türsteher diese Aussage, vergleicht sie mit Ihrer Überzeugung und kommt womöglich zu dem Ergebnis: »Das stimmt doch gar nicht!« Dann wird die Aussage abgelehnt (womöglich gefolgt von einem empörten: »Lüg mich nicht an!«). Bewerten Sie eine bestimmte Situation, beispielsweise eine bevorstehende Prüfung, aus einer negativen Erfahrungen heraus als beängstigend, weist der *kritische Faktor*, der *Türsteher* die Aussage: »Sie brauchen keine Angst zu haben, es wird alles gut«, entschieden zurück, denn nach Ihrer Überzeugung ist diese Aussage ja falsch.

Sind die in uns abgespeicherten Überzeugungen negativ geprägt, finden positive Aussagen und Gedanken also kaum Zutritt. Manchmal wollen wir etwas anders oder besser machen, vielleicht etwas aufgeben, was uns schon lange gestört hat, und doch bleibt es nur bei den guten Vorsätzen, weil uns der Türsteher unseres Unterbewusstseins den Weg versperrt und uns so daran hindert, schlechte Gewohnheiten, Überzeugungen und Glaubenssätze durch positive und nützliche auszutauschen.

Auch der beste Kumpel des Türstehers, der *innerer Schweinehund* boykottiert häufig unsere Entwicklung. Er pflegt lieber alte, gewohnte Verhaltensmuster und hält den Energiesparmodus aufrecht. Alte Pfade zu gehen ist für ihn sicherer und es benötigt weniger Energie, als neue zu beschreiten. Das ist die Hauptursache dafür, dass unserer guten Vorsätze oft welche bleiben.

Hierzu eine kleine Anekdote:

Die Geschichte vom Türsteher und dem inneren Schweinehund

Es war einmal eine kleine Idee, die hatte sich viel vorgenommen. Sie wollte etwas verändern, wachsen und sich entwickeln. Doch es kam alles ganz anders. Irgendwie spürte sie innerlich, dass etwas nicht stimmte. Obwohl sie sich bemühte, immer alles richtig zu machen, schätze keiner ihren Einsatz. Niemand schenkte ihr Beachtung. Einsam, traurig und allein zog sie sich in ihr Kämmerlein zurück.

Sie grübelte über ihr jämmerliches Dasein, bis ihr plötzlich ein genialer Einfall kam. »Jetzt ist Schluss mit dem Verdruss, ich weiß jetzt, dass sich etwas ändern muss!«, beschloss sie.

Von nun an machte sie sich viele Gedanken darüber, wie man etwas verändern könnte, um etwas im Leben zu erreichen. Vieles fiel ihr dazu ein.

So kam der Tag, an dem sie alle ihre Verbesserungsvorschläge und Vorsätze zusammentrug, in einen Rucksack packte und den Entschluss fasste, das Unterbewusstsein zu besuchen, um ihm die guten neuen Vorsätze vorzuschlagen, denn es ist ja, wie man sagt, für die meisten Entscheidungen zuständig, also auch für Verbesserungen. »Alle meine Gedanken sollen Gehör finden und morgen früh schon breche ich auf!«, versprach die kleine Idee sich.

Gesagt getan. Noch im Morgengrauen machte sie sich auf den Weg der, wie die Legende sagt, beschwerlich und gefährlich sein soll. Doch sie verspürte keinen Funken Angst. Zu groß war ihre Sehnsucht, etwas zu verändern und zu verbessern. Vom Ehrgeiz gepackt wanderte sie voller Zuversicht auf einem ihr unbekannten Pfad zum Unterbewusstsein.

Auf dem Weg dorthin begegnete sie zwei anderen Gesellen, die auf dem Rückweg waren, und sie kamen ins Gespräch.

»Wohin des Weges?«, fragte einer der beiden.

»Ach, ich möchte gerne das Unterbewusstsein besuchen, ist es noch weit?«

»Nein, aber es macht keinen Sinn!«, erwiderte der andere. »Da kommen wir gerade her.«

»Und wieso macht es keinen Sinn?«, wollte die kleine Idee wissen.

»Wir wurden nicht durchgelassen!«

»Wieso denn nicht?«

»Ach, da war so ein Türsteher, der uns den Zutritt verwehrte. Eine ungemütliche Erscheinung, mit dem legt man sich besser nicht an. Unsere Gesellschaft passte ihm nicht!«

»Ach was!«, erwiderte die kleine Idee, »ich habe sehr gute Argumente im Gepäck, das wird schon klappen. Machts gut, ihr zwei, ich muss los!«

»Ja, mach nur, aber du wirst schon sehen!«, riefen sie ihr hinterher.

»Jaja, ihr Angsthasen, ich werde es euch beweisen. Wir sehen uns. Tschüss!«

Ein wenig nervös wurde die kleine Idee jetzt schon, aber das brachte sie nicht davon ab, ihr Vorhaben durchzuziehen, denn man muss seine Vorsätze nur gut begründen können. »Ich bin voller Hoffnung!«, erklärte sie sich selbst.

Als sie endlich ankam, bewahrheitete sich der Bericht vom angsteinflößenden Türsteher. Er war wirklich eine machtvolle Erscheinung und wirkte sehr skeptisch und mürrisch. Ungeachtet seiner Ausstrahlung trat die kleine Idee dennoch unerschrocken vor und sprach: »Ich bin ein Freund und möcht gerne das Unterbewusstsein besuchen.

»Wieso?«, wollte der Türsteher wissen.

»Ich habe in meinem Gepäck gute Vorsätze und Verbesserungsvorschläge«, erklärte sie.

»Lass sehen!«, forderte er sie auf.

Nach einem kurzen Blick in den Rucksack sagte er: »Das hier ist eine elitäre Gesellschaft der Erfahrenen und derer, die unsere Ansichten und inneren Werte teilen. Und das, was du hier hast, entspricht nicht unseren Vorstellungen! Du kleine Idee passt hier nicht rein!«

»Das sehe ich aber anders. Die Vorschläge sind gut und ich habe mir viel Mühe gegeben. Lass mich bitte rein«, bettelte die kleine Idee.

Wie der Pfeil eines geübten Bogenschützen schoss plötzlich der innere Schweinehund aus dem Nichts hervor, er war schließlich der beste Kumpel des Türstehers, und half aus, wo er nur konnte. Oft hatte man schon von ihm gehört, doch keiner hatte ihn je gesehen. Jetzt stand er vor der kleinen Idee, bäumte sich vor ihr auf und bellte, als wollte er sie gleich fressen: »Du bist wohl verrückt! Weißt du nicht, was das bedeutet? Du dumme Idee! Wer will denn diesen Aufwand betreiben? Und womöglich ist das auch noch gefährlich! – Nein, nein, das machen wir nicht!«

»Also gefährlich ist das nicht, es könnte aber für alle ein Vorteil sein, wenn meine Vorschläge angenommen würden«, erwiderte die kleine Idee. »Und außerdem …«

»Nein, nein und noch mal nein!«, unterbrach sie der innere Schweinehund. »So wie es ist, so soll es bleiben! Das hat sich bewährt und wird auch nicht geändert. Punkt! Übrigens bist du bisher mit deiner Zurückhaltung immer gut gefahren, oder? Also beschwer dich nicht!« Und mit eindringlichem, furchterregendem Tonfall fügte er noch hinzu »Verschwinde und wage nicht noch ein Wort zu sagen!«

Eingeschüchtert und enttäuscht drehte sich die kleine Idee um und trat den Rückzug an. »Vielleicht versuche ich es ein anderes Mal«, murmelte sie vor sich hin.

Der innere Schweinehund schaute ihr noch eine Weile nach, bis sie in der Ferne so klein geworden war, dass er sie nicht mehr erkennen konnte und sie letztlich ganz verschwand. Seither wurde sie nie wieder gesehen. – Und nichts änderte sich!

Wenn wir alte Pfade verlassen wollen und ungewünschtes Verhaltensmuster ändern möchten, müssen wir uns Zutritt zu unserem Unterbewusstsein verschaffen, denn da sind sie alle abgespeichert. Wir müssen also den kritischen Faktor (Türsteher) durch einen Trick überwinden. Durch den Einsatz von Hypnose und Selbsthypnose verschaffen wir uns Zutritt zu unserem Unterbewusstsein und können das gewünschte Verhalten in unser Unterbewusstsein einspeisen.

Wie funktioniert Selbsthypnose?

Unter *Hypnose* und *Selbsthypnose* kann man die Umgehung des kritischen Faktors unseres Bewusstseins verstehen. Das bedeutet, dass wir neue, förderliche Informationen nicht kritisch hinterfragen, sondern sie als vertrauenswürdig zulassen und unserem Unterbewusstsein die Chance geben, sie in sich aufzunehmen und zu verankern.

Um Zutritt zu unserem Unterbewusstsein zu erhalten, müssen wir bewusst eine Trance einleiten. Wir tricksen den Türsteher aus, denn in diesem Zustand nimmt er seine Aufgabe nicht so ernst. Wir verschaffen ihm sozusagen eine Pause für ein Nickerchen. Neues hat nun die Möglichkeit ungefiltert einzutreten und wir erhalten die Gelegenheit, mit unserem Unterbewusstsein zu kommunizieren, ihm Vorschläge in Form von Suggestionen zu machen, ein Update durchzuführen und alte Verhaltensmuster durch neue zu ersetzen.

Das Gefühl der Trance kennt jeder. Es ist ein völlig natürlicher Zustand, denn ohne sich dessen bewusst zu sein, befinden wir uns oft mehrmals am Tag in Trance. Immer wenn wir in eine Tätigkeit vertieft sind, uns also voll und ganz auf eine bestimmte Sache konzentrieren und alles um uns herum ausblenden, befinden wir uns in einem Trancezustand. Waren Sie schon mal in die Handlung eines Films oder eines Buches versunken und haben dabei gar nicht wahrgenommen, dass Sie angesprochen wurden? Haben Sie schon einmal eine Autobahnabfahrt verpasst, weil Sie in Gedanken für einen Moment ganz woanders waren? Haben Sie mal einen blauen Fleck an sich bemerkt und konnten sich nicht erinnern, wie es dazu kam? In diesen Momenten waren Sie gedanklich mit anderen Dingen beschäftigt und abgelenkt – Sie waren in Trance.

Das bedeutet jedoch nicht, dass in Trance besonders wichtige Dinge an Ihnen vorbeigehen. Wenn Gefahr droht, wird Ihre volle Aufmerksamkeit sofort auf diese gerichtet. Nehmen wir zur Veranschaulichung als Beispiel das Autofahren. Am Anfang ist es noch sehr anstrengend, über jeden Handgriff müssen wir nachdenken und es fällt uns schwer, gleichzeitig auf Kupplung, Gang und Verkehr zu achten. Je häufiger wir fahren und die Abläufe wiederholen, desto mehr Routine entwickelt sich und schon bald ist uns das Autofahren in Fleisch und Blut übergegangen. Wir brauchen gar nicht mehr darüber nachzudenken, was wir tun müssen, wenn wir abbiegen wollen. Die meisten Vorgänge werden jetzt automatisch vom Unterbewusstsein übernommen. Sind wir während der Fahrt in Gedanken und träumen so vor uns hin, reagieren wir bei Gefahr in den meisten Fällen intuitiv richtig, zum Beispiel durch eine Vollbremsung, wenn ein plötzliches Hindernis auftaucht.

In solchen durch Gedanken entstandenen Trancezuständen befinden wir uns also nahezu täglich, ganz unbewusst. In der Selbsthypnose und Hypnose hingegen leiten wir diese bewusst ein und können verschiedene Trancetiefen erreichen. Bei einer leichten bis mittleren Trancetiefe liegen wir im Gehirnwellenfrequenzbereich zwischen 4 und 16 Hz. Das ist für den Abbau von Stress und die Herbeiführung von Verhaltensänderungen völlig ausreichend. Die tiefe Trance hingegen findet häufig Anwendung in der Schmerz- und Traumatherapie.

In der Regel werden in der Hypnose Suggestionen gegeben, die eine Verhaltensänderung bewirken. Es gibt aber auch die Möglichkeit, nur einen angenehmen tiefen Entspannungszustand anzustreben. Man spricht in diesem Fall von einer *Leerhypnose*, durch die eine ähnliche Wirkung erzielt wird wie durch klassische Entspannungsverfahren (autogenes Training, progressive Muskelentspannung etc.).

In der Hypnose kommt der Vorstellungskraft eine besondere Bedeutung zu. Je mehr sie sich vorstellen können, desto tiefer können Sie in eine Trance gehen.

Der Aufbau einer Hypnose

Eine Hypnose und Selbsthypnose erfolgt in drei Schritten: der Einleitung des Trancezustandes, auch *Induktion* genannt, der Anwendung und der Ausleitung aus der Trance.

Die Einleitung/Induktion:

Die Einleitung ist der wichtigste Teil der Selbsthypnose, mit deren Hilfe wir den Trancezustand erreichen, denn nur in diesem Gehirnwellenzustand ist es möglich, Suggestionen in unserem Unterbewusstsein zu verankern.

Zunächst wird ein leichter Entspannungszustand erreicht, der dann durch ein bestimmtes Vorgehen vertieft wird, sodass wir in eine leichte, mittlere oder sehr tiefe Trance gehen können. Um Stress abzubauen oder Verhaltensmuster (Angst vor einem Auftritt oder Prüfungen) zu ändern, reicht eine leichte bis mittlere Trancetiefe aus.

Es gibt viele Möglichkeiten, eine Hypnose einzuleiten. Zwei der bekanntesten Methoden sind die *Betty-Erickson-* und die *Dave-Elman-Induktion*. Beide eignen sich sehr gut für die Einleitung einer Selbsthypnose. Das Selbsthypnosekonzept in diesem Trainingsbuch ist an die *Dave-Elman-Induktion* angelehnt, weil Sie mit ihr mehrere Trancetiefen erreichen können, die für unterschiedliche Anwendungen und Erfolge benötigt werden. Sie können bei Erreichung einer leichten Trance aufhören oder auch weitermachen und die Trance vertiefen, bis zu dem Punkt, an dem Sie spüren, dass Sie Ihre Suggestionen am besten aufnehmen können.

Wenn Sie besser mit der *Betty-Erickson-Induktion* in Trance gehen können, dann tauschen Sie die hier favorisierte Induktion einfach gegen die von Ihnen bevorzugte aus. Beide stelle ich Ihnen in diesem Konzept vor.

Die Anwendung:

Nachdem wir eine Trance eingeleitet haben, erfolgt im zweiten Schritt die Anwendung. Sie enthält die eigentlichen Suggestionen, mit deren Hilfe wir unserem Unterbewusstsein neue Verhaltensweisen antrainieren. Damit unser Unterbewusstsein versteht, was wir von ihm wollen, müssen diese Suggestionen möglichst klar, kurz und eindeutig sein. Um eine optimale Wirkung zu erzielen, sind folgende Prinzipien zu beachten:

- Beginnen Sie mit *Ich*: Ich habe ein sehr gutes Gedächtnis, mir fällt alles sofort ein.
- Formulieren Sie Ihre Suggestionen immer so, als ob das Ziel bereits eingetreten wäre: *Während des Vortrages bin ich vollkommen gelassen, ruhig und entspannt.*
- Formulieren Sie positiv und vermeiden Sie Negationen. Anstatt zu sagen: In der Prüfung bekomme ich keine Angst, sagen Sie: In der Prüfung bin ich selbstsicher und bleibe ruhig und gelassen.
- Beschränken Sie sich auf das Wesentliche.
- Formulieren Sie in kurzen und knappen Sätzen.

Die Ausleitung:

Mit der Ausleitung aus der Trance werden Ihre Vitalfunktionen wieder auf Normalzustand gebracht. Sie kehren ins Hier und Jetzt zurück. Je nach Trancetiefe bieten sich hier die *Drei-Schritt-* oder *Fünf-Schritt-Ausleitung* an. Dabei zählen sie rückwärts von drei bis eins oder von fünf bis eins runter und geben sich dabei folgende Anweisungen:

Nun kehre ich langsam wieder zurück. Wenn ich bei der Zahl eins angekommen bin, bin ich hellwach und fühle mich frisch und entspannt.

Fünf	*Ich werde langsam wach.*
Vier	*Meine Atmung normalisiert sich wieder.*
Drei	*Mein Puls ist wieder normal.*
Zwei	*Mein Blutdruck ist wieder im Optimalzustand.*
Eins	*Ich öffne die Augen und bin wieder hellwach und vollkommen erholt.*

Alternativ können Sie auch von eins bis drei beziehungsweise fünf hochzählen.

Der Anker – auf Knopfdruck stressfrei

In der Hypnose ist das sogenannte *Ankern* ein weiteres sehr wirkungsvolles Instrument und folgt dem Prinzip der klassischen Konditionierung Pawlows. Der russische Professor Iwan Petrowitsch Pawlow entdeckte das Phänomen der klassischen Konditionierung zufällig, als er den Verdauungsprozess bei Hunden untersuchen wollte: Hunde speicheln während der Nahrungsaufnahme mehr. Der Speichelfluss ist eine natürliche Reaktion auf den Futterreiz, der durch den Geruch und den Anblick ausgelöst wird. Dieser unwillkürliche Reflex des Speichelflusses kann nicht unterdrückt werden. Pawlow beobachtete, dass bei den Tieren auch schon ein vermehrter Speichelfluss auftrat, sobald er sich dem Hundezwinger näherte. Seine Hunde verknüpften den Reiz der Schritte mit der Gabe von Futter. Allein durch dieses Geräusch erwarteten sie Futter und der Speichelfluss stellte sich bereits ein. Diesen Prozess nannte Pawlow *Konditionierung*. Um den Beweis für diese Konditionierung zu erbringen, führte er folgendes Experiment durch: Er erzeugte bei seinen Hunden durch das Läuten einer einfachen Glocke einen akustischen Reiz und beobachtete, dass allein das Läuten der Glocke zu keinem vermehrten Speichelfluss führte. Es war zunächst nur ein neutraler Reiz. Nun fütterte er seine Hunde immer erst kurz nach dem Ertönen der Glocke. Er trainierte ihnen an, dass die Futtergabe unmittelbar nach dem Glockenton erfolgte. Nach einiger Gewöhnungszeit ließ Pawlow nur noch die Glocke läuten und die Tiere reagierten auf den Ton mit dem nun bedingten Reflex des Speichelflusses: Das Läuten der Glocke bedeutete für die Tiere die Futtergabe. Diesen angewöhnten Reiz konnten die Hunde genau wie einen angeborenen Reiz nicht mehr unterdrücken.

In der Hypnose machen wir uns diesen Umstand durch das *Ankern* zunutze, wobei der *Anker* als auslösender Reiz statt einer Glocke vielleicht ein Codewort oder eine Faust sein kann, die dann wie ein Schalter funktionieren. Immer wenn Sie diesen Anker (in der Absicht, in Trance zu gehen) aufrufen, sinken Sie in den von Ihnen selbst definierten Trancezustand und die gewünschte suggerierte Reaktion wird durch Ihr Unterbewusstsein automatisch, sozusagen auf Knopfdruck ausgeführt. Und wenn Sie sich *Selbstvertrauen* suggerieren, führt Ihr Unterbewusstsein das von Ihnen gewünschte *Selbstvertrauensprogramm* aus. Die Stressreaktion bleibt aus, innere Ruhe, Gelassenheit, Angstfreiheit und erhöhte Konzentration kehren ein.

Wie ein Anker funktioniert, können wir sehr schön bei einem Tennisspiel beobachten: Nach einem erfolgreichen Ballwechsel macht der Sportler häufig eine Faust, und zwar nicht nur, um sich weiterhin zu motivieren, sondern er ruft vielmehr einen mentalen Anker ab, der ein bestimmtes Verhalten auslöst. Dadurch werden Störfaktoren wie Geräusche, negative Gedanken und Nervosität ausgeblendet und der Kopf wird frei für eine erhöhte Konzentration. Natürlich wird der Anker für eine Wettkampfsituation mit anderen Suggestionen versehen, als der für eine Entspannungshypnose. Der Sportler soll ja nicht einschlafen.

Einen Anker setzt man kurz vor dem Höhepunkt der Hypnoseanwendung. Wichtig dabei ist, möglichst viele Sinneskanäle durch die Vorstellungskraft anzusprechen. Stellen Sie sich dabei vor, wie es wäre, wenn Sie zum Beispiel eine Rede halten müssten und es würde alles fantastisch laufen. Während Sie auf der Bühne stehen, hören Ihnen alle gespannt zu, Sie sind gelassen und haben Mut. Sie behalten den roten Faden, die Menschen sind Ihnen freundlich zugewandt. Wie würde sich das anfühlen? Jetzt setzen Sie Ihren Anker.

Das erfordert Übung, denn das Gehirn muss lernen, was es tun soll. Deshalb müssen Sie Ihr Unterbewusstsein immer wieder auf diesen Schalter und seine Funktionen hinweisen, das machen Sie durch das Wiederholen Ihrer Suggestionen.

Je tiefer wir uns in Trance befinden, desto erfolgreicher können wir einen Anker setzten. In der Selbsthypnose ist das Setzen eines Ankers schwierig, weil es kaum möglich ist, in einem so tiefen Trancezustand selbst noch Suggestionen anzubringen. Deshalb habe ich in diesem Trainingsprogramm entsprechende Ankersuggestionen weggelassen.

Am schnellsten kann ein Anker durch einen erfahrenen Hypnotiseur, Hypnosecoach oder Hypnosetherapeuten in Ihrem Unterbewusstsein etabliert werden. Wenn Sie durch dieses Trainingskonzept bereits einige selbst eingeleitete Trancezustände erfahren konnten, reicht in der Regel eine einzige Sitzung bei einem Experten aus, um dauerhaft einen hypnotischen Anker in Ihrem Unterbewusstsein zu platzieren.

Selbsthypnose funktioniert jedoch auch ohne hypnotischen Anker. Sie benutzen dafür einfach eine geeignete Induktionstechnik. Durch das Abrufen eines Ankers gewinnen Sie lediglich Zeit und können innerhalb von Sekunden in einen angenehmen Trancezustand gelangen.

Beim Setzen eines hypnotischen Ankers ist die in der Suggestion formulierte Bedingung *In der Absicht, in Trance zu gehen* außerordentlich wichtig, damit kein Außenstehender bei Ihnen eine Trance auslöst, weil er vielleicht zufällig Ihr Codewort ausspricht. Ich empfehle darüber hinaus, als Anker immer eine Kombination aus einem Codewort plus einer Geste zu benutzen. Ich selbst fixiere für eine selbst eingeleitete Hypnose zum Beispiel meinen rechten Zeigefinger und führe ihn langsam an meine Nasenspitze, bis alles anderer um mich herum verschwimmt, und nenne zusätzlich ein Codewort. Für jede Anwendung habe ich ein anderes Codewort. Meine Geste, den rechten Zeigefinger zu fixieren und langsam an die Nasenspitze zu führen, bleibt aber immer gleich.

Die Betty-Erickson-Induktion

Es gibt unzählige Induktionsmöglichen in der Selbsthypnose. Diese hier geht auf Betty Erickson zurück. Sie war die Frau des berühmten amerikanischen Psychiaters Milton Erickson, der als Begründer der modernen Hypnose gilt. Bei dieser Technik wird die Trance eingeleitet, indem die Aufmerksamkeit langsam von außen nach innen gelenkt wird. Sie eignet sich auch besonders gut zur Entwicklung der eignen Vorstellungskraft.

Die Vorgehensweise ist folgendermaßen:

- Nehmen Sie eine bequeme Körperhaltung ein, in der Sie sich gut entspannen können.

- Suchen Sie sich drei Dinge, die Sie mit Ihren Augen wahrnehmen können, und beschreiben Sie diese angelehnt an diesem Beispiel: *Ich sehe die Uhr an der weißen Wand. – Ich sehe den Spiegel in diesem Raum. – Ich sehe den Vorhang am Fenster.*

- Danach zählen Sie drei Geräusche auf, die Sie wahrnehmen, beispielsweise: Ich höre die Vögel im Garten. – Ich höre Stimmen im Hintergrund. – Ich nehme den Straßenlärm wahr.

- Im Anschluss daran suchen Sie sich drei körperliche Empfindungen und benennen diese: Ich fühle die Temperatur im Raum. – Ich fühle den Stoff meiner Kleidung. – Ich spüre meinen Atem.

- Danach wiederholen Sie diesen Zyklus jeweils mit nur zwei optischen, zwei akustischen und zwei körperlichen Eindrücken. Im Anschluss daran noch mit jeweils einem optischen, einem akustischen und einem körperlichen Eindruck.

- Schließen Sie nun die Augen und stellen Sie sich vor Ihrem inneren Auge ein Objekt vor, das Sie benennen: *Ich sehe einen wunderschönen Strand.* Nun stellen Sie sich ein Geräusch vor, das zu diesem Bild passt: *Ich höre die an den Strand schlagenden Wellen.* Erzeugen Sie nun vor Ihrem inneren Auge ein Bild, das zu dieser Vorstellung gehören könnte: *Ich spüre das Salz auf meinen Lippen.*

- Wiederholen Sie diese Vorstellungen mit dem, was sie sehen, hören oder fühlen im gleichen Zyklus wie zuvor: zwei optische Eindrücke, zwei Geräusche, zwei Gefühle. Danach jeweils ein optischer Eindruck, ein Geräusch, ein Gefühl.

- Jetzt sollten Sie in einer angenehmen Trance sein.

- Aus der Trance können Sie sich wieder ausleiten, indem Sie von drei an rückwärts zählen: Drei, zwei, eins.

- Strecken Sie Ihre Arme und Beine wie nach einem erholsamen Schlaf.

Die Dave-Elman-Induktion

Der ursprünglich als Showhypnotiseur arbeitende Dave Elman entwickelte eine Technik, mit deren

Hilfe sehr schnell eine tiefe Trance eingeleitet werden kann. Seine effiziente hypnotische Tranceinduktion begeisterte die ärztliche und zahnärztliche Fachwelt, die er fortan darin unterrichtete. Die Elman-Induktion fand weltweit Anerkennung und gehört heute zum Standardrepertoire vieler Hypnosetherapeuten. Durch Sie entfällt das lange Fixieren eines Gegenstandes wie beispielsweise ein Pendel.

Die Vertiefung der Hypnose wird durch das Verfahren des Augenschließens mit Fraktionierung (das heißt, der Hypnotisand wird aufgefordert, die Augen zu öffnen und wieder zu schließen, um dadurch die Entspannung zu verdoppeln.) und der Vorstellung, etwas verschwinden zu lassen, eingeleitet. Der Hypnotiseur kann den Status der Trancetiefe durch bestimmte Überprüfungsmechanismen kontrollieren und gegebenenfalls intervenieren, wenn der gewünschte Status noch nicht erreicht ist. Durch die simple Anwendung ist dieses Verfahren weltweit sehr verbreitet.

Die Elman-Induktion besteht im Wesentlichen aus folgenden Schritten: Zuerst erfolgt eine einfache Entspannung der Augenlider. Diese sollen sich im zweiten Schritt soweit entspannen, dass Sie sie nicht mehr öffnen wollen. Wenn das entspannte Gefühl eintritt, dass sich die Augenlider nicht mehr öffnen lassen wollen, soll der Hypnotisand, also der zu Hypnotisierende, dieses Gefühl auf den gesamten Körper übertragen. Im dritten Schritt wird eine Vertiefung der Entspannung durch eine Fraktionierung bewirkt. Dieser Vorgang wird in der Regel dreimal durchgeführt. Im nächsten Schritt hebt der Hypnotiseur den Arm des Hypnotisanden leicht an und suggeriert: »Wenn ich deine Hand loslasse, fällt sie wie ein nasses Handtuch herunter und du entspannst noch tiefer«, worauf in der Regel eine noch tiefere Entspannung erfolgt. Anschließend erfolgt auf die bis dahin körperlich eingeleitete Entspannung eine geistige Entspannung. Dies geschieht, in dem der Hypnotisand aufgefordert wird, sich vor seinem geistigen Auge vorzustellen, wie Dinge verschwinden. Elman ließ Zahlen von 100 an laut rückwärts zählen und suggerierte, dass diese immer schwächer würden und letztlich komplett verschwänden. Oft konnte bereits die Zahl 96 vom Hypnotisanden nicht mehr erkannt und ausgesprochen werden. Das ist der Moment, in dem eine tiefe Entspannung einsetzt und mit dem Anwendungsteil, den eigentlichen Suggestionen, begonnen werden kann.

Es gibt jedoch viele Menschen, die mit Zahlen arbeiten und ewig brauchen, bis diese vor Ihrem geistigen Auge verschwinden. Deshalb wählen einige Hypnosetherapeuten alternative Vorstellungen, die ebenso gut funktionieren.

Das Training der Vorstellungskraft

Unsere Vorstellungskraft ist in der Selbsthypnose von zentraler Bedeutung. Sie ist die wichtigste Voraussetzung für die Durchschlagskraft einer Hypnose. Je höher die Vorstellungskraft ausgeprägt ist, desto mehr Wirkung wird erzielt.

Unser Gehirn liebt Bilder. Hören wir beispielsweise das Wort *Ball*, entsteht in unserem Kopf sofort ein Bild davon. Schon als Kleinkind haben wir gelernt, wie ein Ball aussieht. Dieses Bild ist wie eingebrannt in unserem Unterbewusstsein abgespeichert. Das Gehirn hat jetzt mehrere Optionen: Handelt es sich um einen großen oder kleinen Ball? Wie ist seine Beschaffenheit, ist es ein Fußball, Basketball, Volleyball oder ein anderer Ball? Je konkreter das Wort, das empfangen wird, desto einfacher ist es für unser Gehirn, eine Zuordnung und einen Zusammenhang herzustellen. Handelt es sich um einen Tennisball, assoziiert unser Gehirn dieses Wort mit einem meist relativ kleinen gelben Ball. Haben Sie mit diesem Ball bereits Erfahrungen gemacht oder ist ein Erlebnis damit verbunden, wurde zum Zeitpunkt des Erlebens nicht nur der Ball als einzelnes, sondern auch die zusammenhängende Situation damit verknüpft und abgespeichert? Die Aussage *Ein Bild sagt mehr als tausend Worte!* bestätigt sich nicht nur häufig, sondern ist deshalb interessant, weil durch ein Bild mehr als nur der visuelle Sinneskanal angesprochen wird. Sehr häufig wird ein Bild mit einem Erlebnis in Verbindung gebracht, das auch die anderen Sinneskanäle wie hören, riechen, schmecken und fühlen auf den Plan ruft. Wenn sie beispielsweise ein Beachvolleyballturnier bestritten haben, kann durch das Wort *Volleyball* diese Situation als Gefühl in Ihnen ausgelöst werden. Sie sehen den Ball vor Ihrem geistigen Auge, berühren ihn, nehmen die Temperatur an jenem Tag war, riechen das Meer und fangen die Atmosphäre des Turniers ein. In der Hypnose nutzen wir die Vorstellungskraft, um Wunschvorstellungen zu verstärken.

Zusammengefasst kann man sagen, dass durch unsere Vorstellungen und Gedanken in unserem Gehirn innere Bilder erzeugt werden, die in uns Gefühle auslösen und unsere Suggestionen für das Erreichen des gewünschten Ergebnisses um ein Vielfaches verstärken. Gefühle können aus unserer Erinnerung heraus Körperfunktionen beeinflussen. Im autogenen Training wird das Gefühle der Schwere und Wärme suggeriert. Wenn Sie sich lange genug vorstellen, dass Ihr linker Arm schwer und warm wird, dann wird er früher oder später warm, weil er durch Ihre Vorstellung besser durchblutet wird – eine längst bewiesene körperliche Auswirkung Ihrer Gedanken.

An diesen Beispielen kann man leicht ersehen, welche Macht unsere Gedanken ausüben können. Das liegt vor allem, wie schon erwähnt daran, dass unser Gehirn nicht bemerkt, ob es sich um eine Vorstellung oder die Realität handelt.

Kaum eine andere Fähigkeit erzeugt so viel Wirkung wie unsere Vorstellungskraft. Aus diesem Grund habe ich dem Training der Vorstellungskraft in diesem Buch eine besondere Bedeutung zugemessen und fünf Übungen ausgesucht, die sich besonders gut für die Steigerung unserer Vorstellungskraft eignen. Für alle Übungen gilt: Nehmen Sie eine bequeme Position ein. Sie können die Übungen im Sitzen oder Liegen durchführen. Wichtig ist, dass sie Störungen ausschließen. Es sollte zumindest am Anfang des Trainings ein ruhiger Ort aufgesucht werden, an dem sie ungestört sind. Später werden Sie diese Übungen in jeder Lebenslage durchführen können.

Erste Übung: Die Zitrone
- Stellen Sie sich bitte eine schöne frische Zitrone vor.
- Nehmen Sie die Zitrone gedanklich in die Hand und drücken Sie sie, um festzustellen, dass sie noch frisch und saftig ist.
- Jetzt riechen Sie an der Zitrone.

- Schneiden Sie die Zitrone mit einem Obstmesser in zwei Hälften und stellen Sie sich vor, wie etwas Saft aus der Zitrone läuft.
- Riechen Sie nochmals daran und stellen Sie den sehr säuerlichen Geruch fest.
- Beißen Sie nun herzhaft in eine der Zitronenhälften.

Lesen Sie sich die Schritte nun noch einmal durch, schließen Sie danach Ihre Augen und folgen dieser Vorstellung für einige Minuten.

Schließen Sie bitte Ihre Augen und folgen Sie Ihrer Vorstellung, JETZT!

Wenn Sie sich diese Situation lebhaft vorstellen konnten, wird Ihr Speichelfluss spürbar zugenommen haben. Vielleicht verzogen sich Ihre Mundwinkel sogar leicht.

Das Zitronenexperiment ist eine meiner Lieblingsübungen im Mentaltraining. Sie ist mir schon aus meiner Kindheit bekannt. Mein Vater war es, der mir davon berichtete. Er war als Flötist in einem Tambourchor, in dem keine Blasinstrumente gespielt wurden. Um die Bläser anderer Musikchors zu ärgern, stellte er sich vor einen Trompeter, suchte den Blickkontakt zu ihm, holte im richtigen Moment eine Zitrone aus der Hosentasche und biss mit vollem Genuss hinein. Der Trompeter bekam keinen geraden Ton mehr heraus. Fasziniert von den Erzählungen meines Vaters, suchte ich den Beweis und habe es selbst etliche Male ausprobiert. Es funktioniert in den meisten Fällen. Probieren Sie es mal, es ist ein Riesenspaß.

Zweite Übung: Das schönste Urlaubserlebnis

- Erinnern Sie sich bitte an Ihren schönsten Urlaub. – Wenn Sie noch keinen erlebt haben, stellen Sie sich bitte vor, wie dieser Urlaub für sie aussehen könnte.
- Welches Klima herrscht dort?
- Was sehen Sie?
- Was hören Sie?
- Wie riecht es dort?
- Was essen und trinken Sie?
- Wie sind die Menschen dort?
- Was gefällt Ihnen?

Lesen Sie sich die Schritte nun noch einmal durch, schließen Sie danach Ihre Augen und folgen dieser Vorstellung für einige Minuten. Tauchen Sie in die Erinnerung oder Vorstellung so intensiv wie möglich ein. Wenn Sie die Augen wieder öffnen, beschreiben Sie das Gefühl, das Sie während dieser wunderbaren Vorstellung hatten.

Schließen Sie bitte Ihre Augen und folgen Ihrer Vorstellung, JETZT!

Dritte Übung: Der Augenschluss

- Nehmen Sie einen tiefen Atemzug.
- Halten Sie die Luft kurz an und schließen sie beim Ausatmen die Augen.
- Wenn Sie die Augen geschlossen haben, konzentrieren Sie sich nur auf die Muskeln Ihrer Augen.
- Entspannen Sie die Muskulatur rund um Ihre Augen bis zu dem Punkt, an dem Sie so entspannt und müde sind, dass Sie sie nicht mehr öffnen wollen, solange Sie an dieser Entspannung festhalten möchten.
- Bei jedem Ausatmen entspannen Sie Ihre Augenlider mehr und mehr.
- Wenn Sie an dem Punkt ankommen, an dem die Augenlider so schwer geworden sind, dass Sie keine Lust mehr haben, sie zu öffnen, testen Sie, ob sich die Augen nicht mehr öffnen lassen – um festzustellen, dass sie sich tatsächlich nicht mehr öffnen lassen.
- Wenn sich die Augen nicht mehr öffnen lassen, sind Sie gut entspannt. Genießen Sie für einen Moment diesen Zustand und zählen Sie nach einer Weile bis drei. Bei der Zahl Drei angelangt,

öffnen Sie Ihre Augen, strecken und recken sich und genießen die Entspannung. Eins ... zwei ... drei ...

Lesen Sie sich die Schritte nun noch einmal durch, schließen Sie danach Ihre Augen und folgen dieser Vorstellung für einige Minuten.
Schließen Sie bitte Ihre Augen und folgen Sie Ihrer Vorstellung, JETZT!

Vierte Übung: Die Armlevitation
- Atmen Sie einige Male tief durch.
- Legen Sie die Hände getrennt auf die Stuhllehnen, Ihre Knie oder die Matratze, wenn Sie liegen.
- Legen Sie Ihre Hände so auf die Unterlage, dass Sie diese nur mit den Fingerspitzen berühren.
- Stellen Sie sich bitte vor, unter Ihrer Hand wäre ein schlapper luftleerer Strandball.
- Nun liegt der Ball unter Ihrer Hand und Sie versuchen, ihn gedanklich mit einer Luftpumpe aufzupumpen. Mit jedem Einatmen ziehen Sie die Luftpumpe an und mit jedem Ausatmen pressen Sie Luft in den Ball. Ungefähr zehn- bis fünfzehnmal, dann müsste er prall gefüllt sein.
- Schließen Sie Ihre Augen und stellen Sie sich vor, wie immer mehr Luft in den Ball strömt.

- Mit jedem Einatmen ziehen Sie die Luftpumpe an, mit jedem Ausatmen strömt Luft in den Ball.
- Während Sie den Ball aufpumpen, spüren Sie, wie der Ball größer und größer wird und Ihre Hand immer leichter und leichter.
- Mit jedem Ausatmen steigt Ihre Hand höher und höher, immer höher. Es ist ein Gefühl, als würde Ihre Hand schweben.
- Mit jedem Ausatmen wird der Ball größer und größer, mit jedem Ausatmen steigt Ihre Hand höher und höher.
- Wenn Sie das Gefühl haben, der Ball ist nun ganz aufgepumpt, können Sie Ihre Augen wieder öffnen und feststellen, wo jetzt Ihre Hand ist.

Lesen Sie sich die Schritte nun noch einmal durch, schließen Sie danach Ihre Augen und folgen dieser Vorstellung für einige Minuten.

Schließen Sie bitte Ihre Augen und folgen Sie Ihrer Vorstellung, JETZT!

Fünfte Übung: Etwas vor dem geistigen Auge verschwinden lassen

- Stellen Sie sich vor, Sie begeben sich auf den Weg zu einem wunderschönen Strand – eine kleine Bucht, Palmen, ein angenehmes Klima …

ein Traumstrand. Die Sonne streichelt Ihre Haut, eine leichte Brise weht um Ihren Kopf, ein wunderbar angenehmes Gefühl überkommt Sie. Der Weg zum Strand ist nicht lang.

- Sie spüren den Sand zwischen Ihren Zehen.
- Sie setzten sich nah ans Wasser und spüren die angenehm wärmende Luft.
- Die Wellen kommen und gehen. Jedes Mal, wenn sie kommen, spülen sie den Sand zwischen Ihren Zehen weg.
- Sie schreiben mit Ihrem Zeigefinger Ihren Namen in den Sand und beobachten, was passiert.
- Mit jeder Welle verschwinden die Buchstaben im Sand ein wenig mehr.
- Jede Welle, die kommt, umspült Ihren Namen und trägt ein wenig der Buchstaben ab.
- Die Wellen kommen und gehen und sie beobachten ganz genau, wie die Wellen Stück für Stück Ihren Namen mitnehmen.
- Stellen Sie sich das bitte bildlich so intensiv wie möglich vor.
- Jede Welle nimmt ein wenig von Ihrem Namen mit.
- Mit jeder Welle verblassen die Buchstaben im Sand, bis sie schließlich ganz weg sind.
- Wenn Sie weg sind, löst das in Ihnen ein Gefühl des Loslassen aus.

- Sie werden mit jeder Welle, die geht, gelassener und ruhiger.
- Mit jeder Welle lassen Sie mehr los.
- Die Wellen kommen und gehen und sie schauen auf die Buchstaben, die Sie in den Sand geschrieben haben, bis sie verschwunden sind.

Lesen Sie sich die Schritte nun noch einmal durch, schließen Sie danach Ihre Augen und folgen dieser Vorstellung für einige Minuten.

Schließen Sie bitte Ihre Augen und folgen Sie Ihrer Vorstellung, JETZT!

Eine Vorstellungsübung ist im Prinzip wie eine kleine Filmsequenz aufgebaut. Das bevorstehende Ereignis kann in einzelne Schritte unterteilt und so gedanklich durchgespielt werden. Eine ausgeprägte Vorstellungskraft spielt sowohl in der letzten Vertiefungsebene der Hypnoseeinleitung sowie im Anwendungsteil der Hypnose eine entscheidende Rolle.

Um die größtmögliche Wirkung aus der Selbsthypnose zu ziehen, werden im Anwendungsteil Suggestionen mit der Vorstellung der Situation verknüpft. Das heißt, zu den Suggestionen wird eine entsprechende Story aufgebaut und abgespielt.

In einer Fremdhypnose führt der Hypnotiseur Sie durch die Hypnose und weiß genau, wie er eine der

Situation entsprechende Vorstellung in Ihnen auslöst.

In der Selbsthypnose müssen Sie selbst das
Drehbuch schreiben und Regie führen. Versetzen
Sie sich dazu bitte gedanklich in die Situation und
beantworten Sie sich folgende Fragen:

- Wie würde die Situation für Sie optimal ablau-
fen.
- Wie würden Sie am liebsten handeln?
- Wie fühlen Sie sich, wenn alles nach Ihren
Wünschen läuft?
- Was sehen und was hören Sie?
- Wie ist die Kulisse?
- Wie wird sich Ihr Leben verändern, wenn Sie
die Situation gemeistert haben?
- Was denken Sie in der Situation?

Wichtig ist, dass Sie diese Situation als Erfolg empfinden. Das heißt, dass Sie sich bitte vorstellen, wie
es für Sie optimal abläuft und welche positiven Erfahrungen Sie mitnehmen, stellen Sie sich nichts
Negatives vor, reden Sie sich nicht ein, dass es nicht
klappt oder dergleichen.

Auf den folgenden Seiten finden Sie zwei Beispiel-
szenenbeschreibung, die Ihnen als Formulierungs-
unterstützung dienen sollen.

Erstes Beispiel einer Szenenbeschreibung:

Szene:	Urlaub
Wo befinden Sie sich?	Ich befinde mich im Urlaub an einem wunderschönen Sandstrand.
Was sehen Sie dort?	Ich sehe das blaue Meer, ich sehen Palmen oder Felsen, ich sehe ein kleines Fischerboot usw.
Was riechen Sie dort?	Ich rieche die salzhaltige Luft und die Sonnencreme (optional) auf meiner Haut. Der Duft erinnert mich an …
Was machen Sie dort?	Ich laufe barfuß am Strand entlang und schaue auf das blaue Meer. Ich erkunde die Gegend usw.
Was spüren Sie?	Ich spüre die Sonne auf meiner Haut, spüre die Meeresbrise auf meiner Haut, kleine Wellen benetzen meine Füße mit Wasser. Ich spüre, wie den Sand zwischen meinen Zehen usw.
Was für ein Gefühl kommt in Ihnen auf? (positives Gefühl)	Ich genieße diese himmlische Ruhe und das Gefühl des Friedens. Ich freue mich darüber, abschalten und entspannen zu dürfen.

Zweites Beispiel einer Szenenbeschreibung:

Szene:	**Präsentation oder öffentlicher Auftritt**
Wo befinden Sie sich?	Ich befinde mich in der Stadthalle zu [Name der Stadt/Örtlichkeit].
Was sehen Sie dort?	Ich sehe viele vergnügte Menschen, die auf den Beginn der Aufführung warten usw.
Was riechen Sie dort?	Ich rieche unterschiedliche Parfums und die Speisen des im Anschluss angerichtete Buffet usw.
Was machen dort?	Ich bereite mich noch einmal mental auf meine bevorstehende Präsentation/Rede vor. Ich warte auf meinen Auftritt.
Was spüren Sie?	Ich spüre die Neugier und Erwartung der Menschen, die zu diesem Event eingeladen wurden.
Was ist das für ein Gefühl?	Ich bin stolz darauf, dass mich so viele Menschen sehen möchten. Ich freue mich auf meinen Auftritt. Ich sehe mich gedanklich vor dem Publikum reden und genieße das rege Interesse an mir. Ich freue mich über den großartigen Applaus usw.

Das Sechs-Schritte-Selbsthypnosekonzept

Bei diesem Selbsthypnosekonzept ist es hilfreich, die Tranceinduktion schrittweise auswendig zu lernen und zu üben. Führen Sie nach jedem Schritt eine Ausleitung durch, damit sie zur Gewohnheit wird und weitere Vertiefungen nicht zum Einschlafen führen. Ähnlich wie beim Tauchtraining ohne Sauerstoffflasche, bei dem sie mit der Zeit immer mehr Lungenvolumen aufbauen und den Tauchvorgang länger aufrechterhalten können, werden Sie durch dieses Vorgehen eine Trancesequenz länger durchführen können. Denn für verschiedenartige Anwendungen benötigen Sie teilweise einen tieferen Trancezustand. Das schrittweise Vorgehen ist empfehlenswert, weil es gehirngerecht und aus lernpsychologischen Aspekten durch die Wiederholung sinnvoll ist. Es muss aber nicht unbedingt eingehalten werden. Wenn Ihnen diese Vorgehensweise zu langatmig erscheint, können Sie auch alle Schritte auf einmal einstudieren. Zu empfehlen ist auch eine blockweise Form des Lernens.

Das folgende Sechs-Schritte-Selbsthypnosekonzept ist an die Dave-Elman-Induktion angelehnt, weil sie diese später selbst ab dem vierten Schritt variabel an Ihre Bedürfnisse anpassen können und sie Raum fürs Experimentieren bietet. Die Suggestionstexte sind

immer wieder durch Pünktchen unterbrochen (…).
Das dient dazu, Ihren Redefluss zu bremsen. Das erleichtert den Weg in die Trance. Legen Sie los:

Erster Schritt: Der Augenschluss
Einleitung:

- Ich atme tief ein … und beim Ausatmen schließe ich die Augen.

- Wie von selbst entspannen sich meine Augen und Augenlider immer mehr …

- Ich konzentriere mich jetzt einfach auf die Muskulatur meiner Augen und Augenlider … und entspanne all diese Muskeln so sehr, dass sie viel zu faul, viel zu schwer und viel zu träge werden, um überhaupt noch zu funktionieren.

- Wenn ich versuche, sie zu öffnen, werde ich feststellen, dass sie ganz fest geschlossen bleiben …

- Ich konzentriere mich ganz darauf, meine Augenmuskulatur zu entspannen … so tief, dass sie sich nicht mehr öffnen wollen.

- Ich versuche nun, meine Augenlider zu öffnen – nur um festzustellen, dass sie ganz fest geschlossen bleiben …

- Wenn sie so tief entspannt sind, dass sie sich nicht mehr öffnen wollen, lasse ich diese Entspannung durch meinen ganzen Körper fließen. Vom Kopf bis hin zu den Zehenspitzen. Meine

Schulter, mein linker Arm, mein rechter Arm, mein Bauch, mein Becken, mein rechtes Bein, mein linkes Bein …

* Wenn ich an den Zehenspitzen angekommen bin, genieße ich diesen Zustand noch für einen Moment …

Ausleitung:

* Ich werde gleich aufwachen und dazu zähle ich bis drei.

* Wenn ich bei drei angekommen bin, bin ich vollkommen wach und erholt …

* Sobald ich bei drei angekommen bin, bin ich wach und erholt.

* Eins: Mein Puls nimmt wieder die normalen Wachwerte an, mein Kreislauf ist stabil.

* Zwei: Meine Atmung normalisiert sich und ich spüre, wie ich zurückkomme und gleich wieder vollkommen wach sein werde.

* Drei: Ich öffne meine Augen und bin wieder voll im Hier und Jetzt.

Zweiter Schritt: Die Fraktionierung

* Gleich werde ich meine Augen kurz öffnen und wieder schließen.

* Wenn ich die Augen wieder schließe, entspanne ich noch mal doppelt so tief.

- Ich öffnen die Augen ... und ich schließe die Augen und sinke doppelt so tief in dieses wunderbare Gefühl der Entspannung.
- Ich werde das gleich wiederholen, sodass die Wirkung sich nochmals verdoppeln kann.
- Ich öffne meine Augen ... und schließe meine Augen. Tiefer und tiefer sinke ich in die Entspannung.
- Bei der nächsten Wiederholung werde ich überrascht sein, wie tief ich in diese wundervolle Entspannung und Ruhe gehen kann.
- Ich öffne die Augen ... und schließe sie wieder und gleite noch viel tiefer in die Trance.

Ausleitung:
- Ich werde gleich aufwachen und dazu zähle ich bis drei.
- Wenn ich bei drei angekommen bin, bin ich vollkommen wach und erholt ...
- Sobald ich bei drei angekommen bin, bin ich wach und erholt.
- Eins: Mein Puls nimmt wieder die normalen Wachwerte an, mein Kreislauf ist stabil.
- Zwei: Meine Atmung normalisiert sich und ich spüre, wie ich zurückkomme und gleich wieder vollkommen wach sein werde.
- Drei: Ich öffne meine Augen und bin wieder voll im Hier und Jetzt.

Dritter Schritt: Die erste Vertiefung

- Ich stelle mir nun eine zehnstufige Treppe vor … die Treppe zu meinem Unterbewusstsein.

- Mit jeder Zahl, die ich nenne, gehe ich beim Ausatmen eine Stufe herunter, dabei kann ich mich am Geländer festhalten, wenn ich möchte.

- Mit jeder Zahl, die ich nenne, gehe ich beim Ausatmen eine Stufe tiefer und entspanne mit jeder Stufe mehr.

- Zehn …

- Neun … ich entspanne immer mehr …

- Acht …

- Sieben …

- Sechs … tiefer und tiefer …

- Fünf …

- Vier … tiefer und tiefer …

- Drei …

- Zwei …

- Eins … ganz tief entspannt.

Ausleitung:

- Ich werde gleich aufwachen und dazu zähle ich bis drei.

- Wenn ich bei drei angekommen bin, bin ich vollkommen wach und erholt …

- Sobald ich bei drei angekommen bin, bin ich wach und erholt.

- Eins: Mein Puls nimmt wieder die normalen Wachwerte an, mein Kreislauf ist stabil.
- Zwei: Meine Atmung normalisiert sich und ich spüre, wie ich zurückkomme und gleich wieder vollkommen wach sein werde.
- Drei: Ich öffne meine Augen und bin wieder voll im Hier und Jetzt.

Vierter Schritt: Die zweite Vertiefung
- Ich zähle nun von fünf bis eins runter.
- Wenn ich bei eins angekommen bin, befinde ich mich bereits in einer tiefen, angenehmen Trance.
- Fünf: Ich spüre die Entspannung … sie geht tiefer und tiefer.
- Vier: Meine Atmung wird ruhiger … mit jedem Atemzug ruhiger.
- Drei: Wärme strömt von meinem Kopf aus in meinen gesamten Körper. Mein gesamter Körper wird von Wärme erfüllt.
- Zwei: Mein Körper wird immer schwerer … immer schwerer.
- Eins: Meine Entspannung geht immer tiefer … ich lasse jetzt alles los.

Ausleitung:
- Ich werde gleich aufwachen und dazu zähle ich bis drei.

- Wenn ich bei drei angekommen bin, bin ich vollkommen wach und erholt …
- Sobald ich bei drei angekommen bin, bin ich wach und erholt.
- Eins: Mein Puls nimmt wieder die normalen Wachwerte an, mein Kreislauf ist stabil.
- Zwei: Meine Atmung normalisiert sich und ich spüre, wie ich zurückkomme und gleich wieder vollkommen wach sein werde.
- Drei: Ich öffne meine Augen und bin wieder voll im Hier und Jetzt.

Fünfter Schritt: Die Tiefenentspannung

- Ich stelle mir vor, auf den Weg zu einem wunderschönen Strand zu sein.
- Ich sehe dort eine kleine Bucht, Palmen, ein angenehmes Klima … ein richtiger Traumstrand.
- Die Sonne streichelt meine Haut, eine leichte Brise weht um meinen Kopf.
- Es ist ein wunderbares, angenehmes Gefühl.
- Der Weg zum Strand ist nicht lang.
- Ich spüre den Sand zwischen meinen Zehen …
- Ich setze mich nah ans Wasser.
- Angenehm wärmende Wellen kommen und gehen.
- Jedes Mal, wenn sie kommen, spülen sie den Sand zwischen den Zehen weg.

- Ich schreibe jetzt mit meinem Zeigefinger meinen Namen in den Sand und beobachte dabei, was passiert.
- Mit jeder Welle verschwinden die Buchstaben meines Namens im Sand ein wenig mehr.
- Jede Welle, die kommt, umspült meinen Namen und trägt ein wenig der Buchstaben ab.
- Während die Wellen meinen Namen abtragen, entspanne ich tiefer und tiefer.
- Die Wellen kommen und gehen und ich sehe ganz genau, wie die Wellen Stück für Stück meinen Namen mitnehmen.
- Jede Welle nimmt ein wenig meines Namens mit. Mit jeder Welle verblassen die Buchstaben im Sand, bis sie schließlich ganz verschwunden sind.
- Ich lasse die Buchstaben einfach verschwinden.
- Wenn Sie weg sind, spüre ich ein wunderbares Gefühl und bin bereits so entspannt, dass ich nun meine Wünsche meinem Unterbewusstsein mitteilen kann.

Ausleitung:
- Ich werde gleich aufwachen und dazu zähle ich bis drei.
- Wenn ich bei drei angekommen bin, bin ich vollkommen wach und erholt …

- Sobald ich bei drei angekommen bin, bin ich wach und erholt.
- Eins: Mein Puls nimmt wieder die normalen Wachwerte an, mein Kreislauf ist stabil.
- Zwei: Meine Atmung normalisiert sich und ich spüre, wie ich zurückkomme und gleich wieder vollkommen wach sein werde.
- Drei: Ich öffne meine Augen und bin wieder voll im Hier und Jetzt.

Sechster Schritt: Die Anwendungssuggestionen

Bitte bauen Sie sich eine Story auf. Als Hilfe können die zwei Schemas im Kapitel *Training der Vorstellungskraft* dienen.

- Ich stelle mir jetzt vor, wie die Prüfung für mich optimal laufen würde:
- Ich spüre die angenehme Atmosphäre und freue mich darauf, mein Wissen und meine Fähigkeiten zu zeigen.
- Ich bin vollkommen ruhig – ganz gelöst und entspannt.
- Nichts kann mich mehr erschüttern, ich bleibe ruhig.
- Ich werde immer ruhiger – immer sicherer.
- Ich fühle mich stark und wie ein Experte, der etwas Wichtiges zu sagen hat.
- Ich sehe meinen Erfolg und freue mich über meine bestandene Prüfung.

Ausleitung:

- Ich werde gleich aufwachen und dazu zähle ich bis drei.

- Wenn ich bei drei angekommen bin, bin ich vollkommen wach und erholt …

- Sobald ich bei drei angekommen bin, bin ich wach und erholt.

- Eins: Mein Puls nimmt wieder die normalen Wachwerte an, mein Kreislauf ist stabil.

- Zwei: Meine Atmung normalisiert sich und ich spüre, wie ich zurückkomme und gleich wieder vollkommen wach sein werde.

- Drei: Ich öffne meine Augen und bin wieder voll im Hier und Jetzt.

Nachdem Sie die Schritte eins bis sechs einzeln auswendig gelernt haben, können Sie diese jetzt zu einer Lernkette zusammenfügen, sodass ein Gesamtselbsthypnosekonzept entsteht.

Üben Sie dieses Prozedere, bis Sie alle Schritte auswendig können. Beginnen Sie danach mit der Einleitung der Selbsthypnose in einem Schritt.

Hier noch einmal eine Kurzübersicht der einzelnen Selbsthypnoseschritte:

- **Einleitung:**
  Ich atme tief ein und schließe meine Augen – meine Augenlider werden so schwer, dass sie sich nicht mehr öffnen lassen usw.

- **Fraktionierung:**
  Gleich öffne ich meine Augen und werde sie wieder schließen (drei Mal). Wenn ich meine Augen wieder schließe, entspanne ich doppelt so tief usw.

- **Erste Vertiefung:**
  Ich stelle mir nun eine zehnstufige Treppe vor, die Treppe zu meinem Unterbewusstsein. Mit jeder Zahl, die ich nenne, gehe ich eine Stufe tiefer und entspanne mit jeder Stufe mehr usw.

- **Zweite Vertiefung:**
  Ich zähle nun von fünf bis eins herunter. Wenn ich bei (optional) eins angekommen bin, befinde ich mich bereits in einer sehr tiefen angenehmen Trance usw.

- **Tiefenentspannung:**
  Ich stelle mir nun vor, auf dem Weg zu einem wunderschönen Strand zu sein usw.

- **Anwendung:**
  Ich stelle mir jetzt vor, wie die Prüfung für mich optimal laufen soll (plus Ihre Suggestionen).

- **Ausleitung:**
  Ich werde gleich bis drei zählen, bei drei angekommen bin ich vollkommen wach, frisch und im Hier und Jetzt usw.

Das Selbsthypnosekonzept in einem Schritt

• Ich atme tief ein … und beim Ausatmen schließe ich die Augen.

• Wie von selbst entspannen sich meine Augen und Augenlider immer mehr …

• Ich konzentriere mich jetzt einfach auf die Muskulatur meiner Augen und Augenlider … und entspanne all diese Muskeln so sehr, dass sie viel zu faul, viel zu schwer und viel zu träge werden, um überhaupt noch zu funktionieren.

• Wenn ich versuche, sie zu öffnen, werde ich feststellen, dass sie ganz fest geschlossen bleiben …

• Ich konzentriere mich ganz darauf, meine Augenmuskulatur zu entspannen. So tief, dass sie sich nicht mehr öffnen wollen.

• Ich versuche nun, meine Augenlider zu öffnen – nur um festzustellen, dass sie ganz fest geschlossen bleiben …

• Wenn sie so tief entspannt sind, dass sie sich nicht mehr öffnen wollen, lasse ich diese Entspannung durch meinen ganzen Körper fließen. Vom Kopf bis hin zu den Zehenspitzen. Meine Schulter, mein linker Arm, mein rechter Arm, mein Bauch, mein Becken, mein rechtes Bein, mein linkes Bein …

- Wenn ich an den Zehenspitzen angekommen bin, genieße ich diesen Zustand noch für einen Moment …

- Gleich werde ich meine Augen kurz öffnen und wieder schließen.

- Wenn ich die Augen wieder schließe, entspanne ich noch mal doppelt so tief.

- Ich öffnen die Augen … und ich schließe die Augen und sinke doppelt so tief in dieses wunderbare Gefühl der Entspannung.

- Ich werde das gleich wiederholen, sodass die Wirkung sich nochmals verdoppeln kann.

- Ich öffne meine Augen … und schließe meine Augen. Tiefer und tiefer sinke ich in die Entspannung.

- Bei der nächsten Wiederholung werde ich überrascht sein, wie tief ich in diese wundervolle Entspannung und Ruhe gehen kann.

- Ich öffne die Augen … und schließe sie wieder und gleite noch viel tiefer in die Trance.

- Ich stelle mir nun eine zehnstufige Treppe vor … die Treppe zu meinem Unterbewusstsein.

- Mit jeder Zahl, die ich nenne, gehe ich gedanklich beim Ausatmen eine Stufe herunter, dabei kann ich mich am Geländer festhalten, wenn ich möchte.

- Mit jeder Zahl, die ich nenne, gehe ich beim Ausatmen eine Stufe tiefer und entspanne mit jeder Stufe mehr.
- Zehn …
- Neun … ich entspanne immer mehr …
- Acht …
- Sieben …
- Sechs … tiefer und tiefer …
- Fünf …
- Vier … tiefer und tiefer …
- Drei …
- Zwei …
- Eins … ganz tief entspannt.
- Ich zähle nun von fünf bis eins runter.
- Wenn ich bei eins angekommen bin, befinde ich mich bereits in einer tiefen angenehmen Trance.
- Fünf … Ich spüre die Entspannung … Sie geht tiefer und tiefer.
- Vier … Meine Atmung wird ruhiger … mit jedem Atemzug ruhiger.
- Drei … Wärme strömt von meinem Kopf aus in meinen gesamten Körper … mein gesamter Körper wird von Wärme erfüllt.
- Zwei … Mein Körper wird immer schwerer … immer schwerer.
- Eins … Meine Entspannung geht immer tiefer … ich lasse jetzt alles los.

- Ich stelle mir vor, auf den Weg zu einem wunderschönen Strand zu sein.
- Ich sehe dort eine kleine Bucht, Palmen, ein angenehmes Klima … ein richtiger Traumstrand.
- Die Sonne streichelt meine Haut, eine leichte Brise weht um meinen Kopf.
- Es ist ein wunderbares, angenehmes Gefühl.
- Der Weg zum Strand ist nicht lang.
- Ich spüre den Sand zwischen meinen Zehen …
- Ich setze mich nah ans Wasser.
- Angenehm wärmende Wellen kommen und gehen.
- Jedes Mal, wenn sie kommen, spülen sie den Sand zwischen den Zehen weg.
- Ich schreibe jetzt mit meinem Zeigefinger meinen Namen in den Sand und beobachte dabei, was passiert.
- Mit jeder Welle verschwinden die Buchstaben meines Namens im Sand ein wenig mehr.
- Jede Welle, die kommt, umspült meinen Namen und trägt ein wenig der Buchstaben ab.
- Während die Wellen meinen Namen abtragen, entspanne ich tiefer und tiefer.
- Die Wellen kommen und gehen und ich sehe ganz genau, wie die Wellen Stück für Stück meinen Namen mitnehmen.

- Jede Welle nimmt ein wenig meines Namens mit. Mit jeder Welle verblassen die Buchstaben im Sand, bis sie schließlich ganz verschwunden sind.
- Ich lasse die Buchstaben einfach verschwinden.
- Wenn Sie weg sind, spüre ich ein wunderbares Gefühl und bin bereits so entspannt, dass ich nun meine Wünsche meinem Unterbewusstsein mitteilen kann.
- Ich stelle mir jetzt vor, wie die Prüfung für mich optimal laufen würde:
- Ich spüre die angenehme Atmosphäre und freue mich darauf, mein Wissen und meine Fähigkeiten zu zeigen.
- Ich bin vollkommen ruhig – ganz gelöst und entspannt.
- Nichts kann mich mehr erschüttern, ich bleibe ruhig.
- Ich werde immer ruhiger – immer sicherer.
- Ich fühle mich stark und wie ein Experte, der etwas Wichtiges zu sagen hat.
- Ich sehe meinen Erfolg und freue mich über meine bestandene Prüfung.

Wiederholen Sie die Suggestionen drei- bis fünfmal, bevor Sie die Trance ausleiten!

Ausleitung

- Ich werde gleich aufwachen und dazu zähle ich bis drei.
- Wenn ich bei drei angekommen bin, bin ich vollkommen wach und erholt …
- Sobald ich bei drei angekommen bin, bin ich wach und erholt.
- Eins: Mein Puls nimmt wieder die normalen Wachwerte an, mein Kreislauf ist stabil.
- Zwei: Meine Atmung normalisiert sich und ich spüre, wie ich zurückkomme und gleich wieder vollkommen wach sein werde.
- Drei: Ich öffne meine Augen und bin wieder voll im Hier und Jetzt.

Im sechsten Schritt dieses Trainings sind Suggestionen zum Abbau von Prüfungsangst enthalten. Es gibt für die Selbsthypnose zig Anwendungsgebiete. Für die Hypnose und Selbsthypnose gilt, dass nur ein Thema nach dem anderen bearbeitet werden kann. Damit Ihre Suggestionen automatisch von Ihrem Unterbewusstsein abgerufen werden können, wie Programme, bedarf es einiger Wiederholungen. Das heißt, Ihre Suggestionen müssen sich in Ihrem Unterbewusstsein fest etablieren. In der Selbsthypnose haben sich sieben bis zehn Wiederholungen bewährt. Für ein Anwendungsfeld wie beispielsweise *Lampenfieber* sollten Sie zweimal pro Woche eine Trance mit den dazu passenden Suggestionen durchführen. So können Sie etwa vier Wochen einplanen, um den effektivsten Erfolg aus Ihren Suggestionen zu generieren.

Auf den nächsten Seiten finden Sie die entsprechenden Suggestionen für unterschiedliche Anwendungen. Sie können die Wirkung Ihrer Suggestionen erheblich steigern, indem Sie die Suggestionen Ihrer gewählten Anwendung auf ein Blatt Papier schreiben und sich diese mehrmals am Tag anschauen. Dadurch gewöhnen Sie Ihr Unterbewusstsein an das gewünschte neue Verhalten.

Wann eine Selbsthypnose nicht angewendet werden sollte

Mittels selbst induzierter Hypnose kann jeder lernen, seine innere Einstellung zu verändern oder unterstützende Strategien für Probleme des Lebens zu finden. An sich gibt es weder Nebenwirkungen noch Risiken. Voraussetzung für die Selbsthypnose ist aber, dass diese Technik nicht bei behandlungsbedürftigen Erkrankungen oder schweren psychischen Erkrankungsbildern angewendet wird.

Anwendungssuggestionen

Damit Sie sich nicht bei jeder Anwendung fragen müssen, wie das noch mal war mit der Schrittfolge, der Induktion und Ausleitung, und ich Ihnen das hin- und herblättern ersparen möchte, habe ich bei jeder Anwendungssuggestion nochmals die einzelnen Schritte eingebunden. Das spart Zeit und Nerven, die wir ja schonen wollen.

Allgemeine Entspannung

Schritt 1   Machen Sie sich mit den unten aufgeführten Suggestionen vertraut.

Schritt 2   Bauen Sie sich eine zur Anwendung passende Story auf und knüpfen Sie die unten aufgeführten Suggestionen an die Story an. Als Mustervorlage können Sie auf die im Kapitel: *Training der Vorstellungskraft* vorgeschlagenen Schemata zurückgreifen.

Schritt 3   Nehmen Sie eine bequeme Position im Sitzen oder Liegen ein.

Schritt 4   Leiten Sie eine Trance ein und knüpfen Sie Ihre Story und Suggestionen daran

an. (Schnelleinleitung durch Ankersuggestionen möglich!)

Schritt 5   Wiederholen Sie Ihre Suggestionen drei-
bis fünfmal, bevor Sie die Trance ausleiten.

Schritt 6   Leiten Sie Ihre Trance wieder aus.

Suggestionen:

* Ich atme tief und ruhig und werde mit jedem
  Atemzug ruhiger und ruhiger.
* Mein Herz schlägt gleichmäßig und ich werde
  immer gelassener, immer entspannter.
* Es ist ein wunderbares Gefühl, so gelassen und
  entspannt zu sein.
* Ich spüre, wie ich innerlich immer ruhiger und
  ruhiger werde.
* Ich atme ganz ruhig, ganz ruhig.
* Ich bin ruhig und entspannt.
* Nichts kann mich aus der Ruhe bringen.
* Keine Gedanken stören mich.
* Ich bin vollkommen ruhig und gelassen.

Wiederholen Sie diese Suggestionen drei- bis fünfmal, bevor Sie die Trance ausleiten!

Ausleitung:

Ich werde gleich von fünf bis eins runter zählen. Bei
eins angelangt bin ich frisch, wach und völlig entspannt.

Fünf: Meine Suggestionen sind tief in meinem Unterbewusstsein verankert und werden wahr.

Vier: Ich werde von Tag zu Tag gelassener und selbstsicherer.

Drei: Mein Puls nimmt wieder normale Wachwerte an, mein Kreislauf ist stabil.

Zwei: Meine Atmung kommt zurück auf mein normales Wachniveau und ich spüre, dass ich zurückkomme.

Eins: Ich öffne die Augen und fühle mich frisch und vollkommen wohl.

Strecken Sie Ihre Arme und Beine, als wären Sie aus einem erholsamen Schlaf erwacht!

Gesunder Schlaf

Schritt 1   Machen Sie sich mit den unten aufgeführten Suggestionen vertraut.

Schritt 2   Bauen Sie sich eine zur Anwendung passende Story auf und knüpfen Sie die unten aufgeführten Suggestionen an die
Story an. Als Mustervorlage können Sie
auf die im Kapitel: *Training der Vorstellungskraft* vorgeschlagenen Schemata
zurückgreifen.

Schritt 3   Nehmen Sie eine bequeme Position im
Sitzen oder Liegen ein.

Schritt 4   Leiten Sie eine Trance ein und knüpfen
Sie Ihre Story und Suggestionen daran
an. (Schnelleinleitung durch Ankersuggestionen möglich!)

Schritt 5   Wiederholen Sie Ihre Suggestionen drei-
bis fünfmal, bevor Sie die Trance ausleiten.

Schritt 6   Leiten Sie Ihre Trance wieder aus.

Suggestionen:

- Ich bin entspannt und ganz ruhig, ganz ruhig.
- Ich entspanne immer mehr, werde immer ruhi-
ger und ruhiger.
- Immer entspannter und entspannter.

- Alle Verkrampfungen lösen sich und ein wunderbares Gefühl des Friedens breitet sich in mir aus.
- Ich schlafe jede Nacht tief und fest durch und wache erst am Morgen frisch und erholt auf.
- Wenn ich zu Bett gehe, fallen alle Sorgen von mir ab.
- Ich habe einen erholsamen, gesunden und natürlichen Schlaf.
- Wenn ich zu Bett gehe, schalte ich alle störenden Gedanken aus.
- Der Schlaf kommt ganz von selbst. Ich werde müder und müder.

Wiederholen Sie diese Suggestionen drei- bis fünfmal, bevor Sie die Trance ausleiten!

Ausleitung:
Ich werde gleich von fünf bis eins runter zählen. Bei eins angelangt bin ich frisch, wach und völlig entspannt.

Fünf: Meine Suggestionen sind tief in meinem Unterbewusstsein verankert und werden wahr.

Vier: Ich werde von Tag zu Tag gelassener und selbstsicherer.

Drei: Mein Puls nimmt wieder normale Wachwerte an, mein Kreislauf ist stabil.

Zwei: Meine Atmung kommt zurück auf mein normales Wachniveau und ich spüre, dass ich zurückkomme.

Eins: Ich öffne die Augen und fühle mich frisch und
vollkommen wohl.

Strecken Sie Ihre Arme und Beine, als wären Sie
aus einem erholsamen Schlaf erwacht!

Nervosität abbauen

Schritt 1   Machen Sie sich mit den unten aufgeführten Suggestionen vertraut.

Schritt 2   Bauen Sie sich eine zur Anwendung passende Story auf und knüpfen Sie die unten aufgeführten Suggestionen an die
Story an. Als Mustervorlage können Sie
auf die im Kapitel: *Training der Vorstellungskraft* vorgeschlagenen Schemata
zurückgreifen.

Schritt 3   Nehmen Sie eine bequeme Position im
Sitzen oder Liegen ein.

Schritt 4   Leiten Sie eine Trance ein und knüpfen
Sie Ihre Story und Suggestionen daran
an. (Schnelleinleitung durch Ankersuggestionen möglich!)

Schritt 5   Wiederholen Sie Ihre Suggestionen drei-
bis fünfmal, bevor Sie die Trance ausleiten.

Schritt 6   Leiten Sie Ihre Trance wieder aus.

Suggestionen:

- Ich spüre eine wunderbare Gelassenheit und
Ruhe in mir und fühle mich sicher und geborgen.
- Mein Herz schlägt ruhig und ich fühle mich
rundum wohl.

- Mein Wohlbefinden steigert sich von Tag zu Tag. Ruhe und Gelassenheit bestimmen mein Leben.
- Ich lebe in Harmonie mit mir und bin mit mir zufrieden.
- Ich werde immer ruhiger und ruhiger.
- Mein Atem ist ganz ruhig und ich entspanne immer mehr.
- Dadurch entspanne ich mehr und mehr und meine Nerven werden stärker und stärker.
- Ich fühle mich von Tag zu Tag wohler.
- Ich spüre diese wunderbare Entspannung und Gelassenheit.

Wiederholen Sie diese Suggestionen drei- bis fünfmal, bevor Sie die Trance ausleiten!

Ausleitung:

Ich werde gleich von fünf bis eins runter zählen. Bei eins angelangt bin ich frisch, wach und völlig entspannt.

Fünf: Meine Suggestionen sind tief in meinem Unterbewusstsein verankert und werden wahr.

Vier: Ich werde von Tag zu Tag gelassener und selbstsicherer.

Drei: Mein Puls nimmt wieder normale Wachwerte an, mein Kreislauf ist stabil.

Zwei: Meine Atmung kommt zurück auf mein normales Wachniveau und ich spüre, dass ich zurückkomme.

Eins: Ich öffne die Augen und fühle mich frisch und vollkommen wohl.

Strecken Sie Ihre Arme und Beine, als wären Sie aus einem erholsamen Schlaf erwacht!

Stress reduzieren

Schritt 1   Machen Sie sich mit den unten aufge-
            führten Suggestionen vertraut.

Schritt 2   Bauen Sie sich eine zur Anwendung pas-
            sende Story auf und knüpfen Sie die un-
            ten aufgeführten Suggestionen an die
            Story an. Als Mustervorlage können Sie
            auf die im Kapitel: *Training der Vorstel-
            lungskraft* vorgeschlagenen Schemata
            zurückgreifen.

Schritt 3   Nehmen Sie eine bequeme Position im
            Sitzen oder Liegen ein.

Schritt 4   Leiten Sie eine Trance ein und knüpfen
            Sie Ihre Story und Suggestionen daran
            an. (Schnelleinleitung durch Ankersug-
            gestionen möglich!)

Schritt 5   Wiederholen Sie Ihre Suggestionen drei-
            bis fünfmal, bevor Sie die Trance ausleiten.

Schritt 6   Leiten Sie Ihre Trance wieder aus.

Suggestionen:

- In Stresssituationen bleibe ich ruhig und gelassen.
- Alle Aufgaben, die zu erledigen sind, führe ich ruhig und gelassen aus.
- Ich weiß, dass ich alles erreiche, was ich mir vornehme, weil ich entspannt die nötige Energie aufbringen kann.

- Nichts bringt mich aus der Ruhe. Entspannt schaffe ich alles.
- Ich werde immer sicherer und immer ruhiger.
- Ich fühle mich in meiner Haut wohl und sicher.
- Ich wachse an jeder Aufgabe und werde immer stärker.
- Es geht mir von Tag zu Tag in jeder Hinsicht besser.

Wiederholen Sie diese Suggestionen drei- bis fünfmal, bevor Sie die Trance ausleiten!

Ausleitung:
Ich werde gleich von fünf bis eins runter zählen. Bei eins angelangt bin ich frisch, wach und völlig entspannt.

Fünf: Meine Suggestionen sind tief in meinem Unterbewusstsein verankert und werden wahr.

Vier: Ich werde von Tag zu Tag gelassener und selbstsicherer.

Drei: Mein Puls nimmt wieder normale Wachwerte an, mein Kreislauf ist stabil.

Zwei: Meine Atmung kommt zurück auf mein normales Wachniveau und ich spüre, dass ich zurückkomme.

Eins: Ich öffne die Augen und fühle mich frisch und vollkommen wohl.

Strecken Sie Ihre Arme und Beine, als wären Sie aus einem erholsamen Schlaf erwacht!

Selbstbewusstsein stärken

Schritt 1   Machen Sie sich mit den unten aufgeführ-
             ten Suggestionen vertraut.

Schritt 2   Bauen Sie sich eine zur Anwendung pas-
             sende Story auf und knüpfen Sie die unten
             aufgeführten Suggestionen an die Story an.
             Als Mustervorlage können Sie auf die im
             Kapitel: *Training der Vorstellungskraft*
             vorgeschlagenen Schemata zurückgreifen.

Schritt 3   Nehmen Sie eine bequeme Position im
             Sitzen oder Liegen ein.

Schritt 4   Leiten Sie eine Trance ein und knüpfen
             Sie Ihre Story und Suggestionen daran an.
             (Schnelleinleitung durch Ankersuggestio-
             nen möglich!)

Schritt 5   Wiederholen Sie Ihre Suggestionen drei-
             bis fünfmal, bevor Sie die Trance ausleiten.

Schritt 6   Leiten Sie Ihre Trance wieder aus.

Suggestionen:

* Ich bin gut in dem, was ich tue.
* Ich fühle mich wohl in dem, was ich tue.
* Ich glaube an mich und bin auf Erfolg program-
  miert.
* Ich werde meine Ziele erreichen.
* Ich sehe meine Ziele deutlich vor Augen.

- Ich werde seelisch immer stärker und stärker und fühle mich allen Lebenslagen gewachsen.
- Meine Konzentration steigert sich von Tag zu Tag.
- Ich bin bei Familie, Kollegen und Freunden anerkannt.
- Ich bin sicher in der Bewältigung meiner Aufgaben.
- Ich bin ein erfolgreicher Mensch.

Wiederholen Sie diese Suggestionen drei- bis fünfmal, bevor Sie die Trance ausleiten!

Ausleitung:

Ich werde gleich von fünf bis eins runter zählen. Bei eins angelangt bin ich frisch, wach und völlig entspannt.

Fünf: Meine Suggestionen sind tief in meinem Unterbewusstsein verankert und werden wahr.

Vier: Ich werde von Tag zu Tag gelassener und selbstsicherer.

Drei: Mein Puls nimmt wieder normale Wachwerte an, mein Kreislauf ist stabil.

Zwei: Meine Atmung kommt zurück auf mein normales Wachniveau und ich spüre, dass ich zurückkomme.

Eins: Ich öffne die Augen und fühle mich frisch und vollkommen wohl.

Strecken Sie Ihre Arme und Beine, als wären Sie aus einem erholsamen Schlaf erwacht!

Prüfungsnervosität abbauen

Schritt 1   Machen Sie sich mit den unten aufgeführten Suggestionen vertraut.

Schritt 2   Bauen Sie sich eine zur Anwendung passende Story auf und knüpfen Sie die unten aufgeführten Suggestionen an die Story an. Als Mustervorlage können Sie auf die im Kapitel: *Training der Vorstellungskraft* vorgeschlagenen Schemata zurückgreifen.

Schritt 3   Nehmen Sie eine bequeme Position im Sitzen oder Liegen ein.

Schritt 4   Leiten Sie eine Trance ein und knüpfen Sie Ihre Story und Suggestionen daran an. (Schnelleinleitung durch Ankersuggestionen möglich!)

Schritt 5   Wiederholen Sie Ihre Suggestionen drei- bis fünfmal, bevor Sie die Trance ausleiten.

Schritt 6   Leiten Sie Ihre Trance wieder aus.

Suggestionen:

- Während der Prüfung bin ich vollkommen gelassen, entspannt und fühle mich absolut wohl.
- Ich bin voller Selbstvertrauen, weil ich gut vorbereitet bin.

- Ich kann alle Lerninhalte mühelos abrufen, weil ich ein hervorragendes Gedächtnis habe, meine Fähigkeiten sind voll da.
- Sobald ich in die Prüfung gehe, fühle ich mich ruhig, entspannt und gelassen.
- Ich werde die Prüfung bestmöglich bestehen, weil alle Informationen, die ich brauche, in meinem Unterbewusstsein abgespeichert und sofort abrufbar sind.
- Alles was mich ablenken könnte, verstärkt meine Konzentration.
- Ich bin vollkommen konzentriert und bleibe ruhig und gelassen, weil ich gut vorbereitet bin und alles gelernt habe.
- Ich habe Spaß daran, die Aufgaben zu beantworten. Ich beginne mit den leichtesten Fragen und stelle die schwierigen ans Ende. Damit gewinne ich Zeit und Sicherheit.
- Mit jeder beantworteten Frage werde ich ruhiger und gelassener und werde stolz auf meine Leistung sein, weil ich die Prüfung mit bestmöglichem Ergebnis bestehen werde.

Wiederholen Sie diese Suggestionen drei- bis fünfmal, bevor Sie die Trance ausleiten!

Ausleitung:

Ich werde gleich von fünf bis eins runter zählen. Bei eins angelangt bin ich frisch, wach und völlig entspannt.

Fünf: Meine Suggestionen sind tief in meinem Unterbewusstsein verankert und werden wahr.

Vier: Ich werde von Tag zu Tag gelassener und selbstsicherer.

Drei: Mein Puls nimmt wieder normale Wachwerte an, mein Kreislauf ist stabil.

Zwei: Meine Atmung kommt zurück auf mein normales Wachniveau und ich spüre, dass ich zurückkomme.

Eins: Ich öffne die Augen und fühle mich frisch und vollkommen wohl.

Strecken Sie Ihre Arme und Beine, als wären Sie aus einem erholsamen Schlaf erwacht!

Nie wieder Lampenfieber

Schritt 1   Machen Sie sich mit den unten aufge-
            führten Suggestionen vertraut.

Schritt 2   Bauen Sie sich eine zur Anwendung pas-
            sende Story auf und knüpfen Sie die unten
            aufgeführten Suggestionen an die Story an.
            Als Mustervorlage können Sie auf die im
            Kapitel: *Training der Vorstellungskraft*
            vorgeschlagenen Schemata zurückgreifen.

Schritt 3   Nehmen Sie eine bequeme Position im
            Sitzen oder Liegen ein.

Schritt 4   Leiten Sie eine Trance ein und knüpfen
            Sie Ihre Story und Suggestionen daran
            an. (Schnelleinleitung durch Ankersug-
            gestionen möglich!)

Schritt 5   Wiederholen Sie Ihre Suggestionen drei-
            bis fünfmal, bevor Sie die Trance ausleiten.

Schritt 6   Leiten Sie Ihre Trance wieder aus.

Suggestionen:

- Ich bin ruhig und gelassen vor jedem Auftritt.
- Ich freue mich auf meine Vorstellung, denn ich bin gut vorbereitet.
- Alles Gelernte fällt mir mühelos ein und ich bin vollkommen sicher.
- Nichts kann mich in meiner Konzentration stören und aus der Ruhe bringen.

- Ich spüre das Wohlwollen des Publikums.
- Ich bin sicher, ruhig und gelassen.
- Ich fühle mich wohl und freue mich auf meinen Auftritt.
- Ich habe ein hervorragendes Gedächtnis und ich werde alle Texte sicher abrufen.
- Mein Auftritt ist ein voller Erfolg.

Wiederholen Sie diese Suggestionen drei- bis fünfmal, bevor Sie die Trance ausleiten!

Ausleitung:

Ich werde gleich von fünf bis eins runter zählen. Bei eins angelangt bin ich frisch, wach und völlig entspannt.

Fünf: Meine Suggestionen sind tief in meinem Unterbewusstsein verankert und werden wahr.

Vier: Ich werde von Tag zu Tag gelassener und selbstsicherer.

Drei: Mein Puls nimmt wieder normale Wachwerte an, mein Kreislauf ist stabil.

Zwei: Meine Atmung kommt zurück auf mein normales Wachniveau und ich spüre, dass ich zurückkomme.

Eins: Ich öffne die Augen und fühle mich frisch und vollkommen wohl.

Strecken Sie Ihre Arme und Beine, als wären Sie aus einem erholsamen Schlaf erwacht!

Burn-out-Prävention

Schritt 1   Machen Sie sich mit den unten aufge-
            führten Suggestionen vertraut.

Schritt 2   Bauen Sie sich eine zur Anwendung pas-
            sende Story auf und knüpfen Sie die un-
            ten aufgeführten Suggestionen an die
            Story an. Als Mustervorlage können Sie
            auf die im Kapitel: *Training der Vorstel-
            lungskraft* vorgeschlagenen Schemata
            zurückgreifen.

Schritt 3   Nehmen Sie eine bequeme Position im
            Sitzen oder Liegen ein.

Schritt 4   Leiten Sie eine Trance ein und knüpfen
            Sie Ihre Story und Suggestionen daran
            an. (Schnelleinleitung durch Ankersug-
            gestionen möglich!)

Schritt 5   Wiederholen Sie Ihre Suggestionen drei-
            bis fünfmal, bevor Sie die Trance ausleiten.

Schritt 6   Leiten Sie Ihre Trance wieder aus.

Suggestionen:
- Ich habe einen gesunden, natürlichen und tiefen
  Schlaf.
- Ich fühle mich von Tag zu Tag stärker und ge-
  sünder.
- Ich bin ruhig und entspannt.

- Ich bin voller Selbstvertrauen, Zuversicht und kann mich gut konzentrieren.
- Ich vertraue meinen Fähigkeiten und werde immer gelassener, immer ruhiger, immer ruhiger und entspannter.
- Ich bin stolz auf meine bisherigen Erfolge und das gibt mir Stärke und Zufriedenheit.
- Von Tag zu Tag fühle ich mich wohler und bin körperlich und seelisch fit.
- Ich genieße die Vielfalt meines Lebens, weil es mich glücklich macht, unbedeutende Dinge loszulassen.
- Ich werde von Tag zu Tag stärker und ausgeglichener.

Wiederholen Sie diese Suggestionen drei- bis fünfmal, bevor Sie die Trance ausleiten!

Ausleitung:

Ich werde gleich von fünf bis eins runter zählen. Bei eins angelangt bin ich frisch, wach und völlig entspannt.

Fünf: Meine Suggestionen sind tief in meinem Unterbewusstsein verankert und werden wahr.

Vier: Ich werde von Tag zu Tag gelassener und selbstsicherer.

Drei: Mein Puls nimmt wieder normale Wachwerte an, mein Kreislauf ist stabil.

Zwei: Meine Atmung kommt zurück auf mein normales Wachniveau und ich spüre, dass ich zurückkomme.

Eins: Ich öffne die Augen und fühle mich frisch und vollkommen wohl.

Strecken Sie Ihre Arme und Beine, als wären Sie aus einem erholsamen Schlaf erwacht!

Nachwort

Mit Hypnose und Selbsthypnose kann vieles erreicht werden, von dem man vorher glaubte, dass es unmöglich wäre. In diesem Buch geht es um Stressbewältigung und darum, spezifische Ängste abzubauen. Deshalb sind in diesem Training auch nur diese Anwendungsfelder berücksichtigt.

Mit Hypnose und Selbsthypnose können darüber hinaus auch viele andere Anwendungen durchgeführt werden, wie die Aktivierung der Selbstheilungskräfte, Raucherentwöhnung, Gewichtsreduktion oder Schmerzregulierung, um hier nur einige zu nennen.

Nutzen Sie das mentale Training, um Ihre Fähigkeiten und inneren Kräfte zu aktivieren und ein gesundes, erfolgreiches und angstfreies Leben führen zu können.

Ich wünsche Ihnen viel Erfolg.

Ihr
Norman Brungs

Über den Autor

Norman Brungs war nach seiner kaufmännischen Ausbildung und dem Studium der Betriebswirtschaftslehre über zehn Jahre im Marketing mittelständischer Unternehmen tätig. Vor zwanzig Jahren wechselte er in die Personalentwicklung und arbeitet seither als Aus-  bilder, Dozent und Verhaltenstrainer. Als ausgebildeter Hypnosecoach und Mentaltrainer hat er sich auf Stressreduktion, den Umgang mit Lampenfieber und ähnlich gelagerte Ängsten spezialisiert und unterstütze in seiner beruflichen Laufbahn Hunderte Studenten, Nachwuchsführungskräfte und Schüler bei der methodischen und mentalen Vorbereitung auf wichtige Ereignisse wie Prüfungen, öffentliche Auftritte, Reden und Präsentationen. Nach seinen Erfahrungen entscheidet nicht nur im Sport, sondern zunehmend auch im beruflichen Kontext die mentale Stärke häufig über Erfolg oder Enttäuschung. Er vermittelt Selbsthilfemethoden, mit deren Hilfe unerreichbar geglaubte Ziele zu erreichen sind.

Zeitfracht Medien GmbH
Ferdinand-Jühlke-Straße 7
99095 Erfurt, Deutschland
produktsicherheit@kolibri360.de